O ABOLICIONISMO E O POTENCIAL SIMBÓLICO DE LUIZ GAMA EM NOTÍCIAS CIRCULANTES NA IMPRENSA GRÃO-PARAENSE E CEARENSE

Editora Appris Ltda.
1.ª Edição - Copyright© 2023 dos autores
Direitos de Edição Reservados à Editora Appris Ltda.

Nenhuma parte desta obra poderá ser utilizada indevidamente, sem estar de acordo com a Lei nº 9.610/98. Se incorreções forem encontradas, serão de exclusiva responsabilidade de seus organizadores. Foi realizado o Depósito Legal na Fundação Biblioteca Nacional, de acordo com as Leis nos 10.994, de 14/12/2004, e 12.192, de 14/01/2010.

Catalogação na Fonte
Elaborado por: Josefina A. S. Guedes
Bibliotecária CRB 9/870

C957a
2023
	Cruz, Lizandra Júlia Silva
	    O abolicionismo e o potencial simbólico de Luiz Gama em notícias circulantes na imprensa grão-paraense e cearense / Lizandra Júlia Silva Cruz. – 1 ed. – Curitiba : Appris, 2023.
	    134 p. ; 21 cm. – (Ciências sociais. Seção história).
	
	    Inclui referências.
	    ISBN 978-65-250-5401-8
	
	    1. Gama, Luiz, 1839-1882. 2. Escravidão – Ceará – História. 2. Escravidão – Pará – História. I. Título. II. Série.
	
	                                                                    CDD – 981.22

Livro de acordo com a normalização técnica da ABNT

Editora e Livraria Appris Ltda.
Av. Manoel Ribas, 2265 – Mercês
Curitiba/PR – CEP: 80810-002
Tel. (41) 3156 - 4731
www.editoraappris.com.br

Printed in Brazil
Impresso no Brasil

Lizandra Júlia Silva Cruz

O ABOLICIONISMO E O POTENCIAL SIMBÓLICO DE LUIZ GAMA EM NOTÍCIAS CIRCULANTES NA IMPRENSA GRÃO-PARAENSE E CEARENSE

FICHA TÉCNICA

EDITORIAL	Augusto V. de A. Coelho
	Sara C. de Andrade Coelho
COMITÊ EDITORIAL	Marli Caetano
	Andréa Barbosa Gouveia - UFPR
	Edmeire C. Pereira - UFPR
	Iraneide da Silva - UFC
	Jacques de Lima Ferreira - UP
SUPERVISOR DA PRODUÇÃO	Renata Cristina Lopes Miccelli
REVISÃO	Camila Dias Manoel
PRODUÇÃO EDITORIAL	Miriam Gomes
DIAGRAMAÇÃO	Maria Vitória Ribeiro Kosake
CAPA	Carlos Eduardo H. Pereira

COMITÊ CIENTÍFICO DA COLEÇÃO CIÊNCIAS SOCIAIS

DIREÇÃO CIENTÍFICA Fabiano Santos (UERJ-IESP)

CONSULTORES
- Alícia Ferreira Gonçalves (UFPB)
- Artur Perrusi (UFPB)
- Carlos Xavier de Azevedo Netto (UFPB)
- Charles Pessanha (UFRJ)
- Flávio Munhoz Sofiati (UFG)
- Elisandro Pires Frigo (UFPR-Palotina)
- Gabriel Augusto Miranda Setti (UnB)
- Helcimara de Souza Telles (UFMG)
- Iraneide Soares da Silva (UFC-UFPI)
- João Feres Junior (Uerj)
- Jordão Horta Nunes (UFG)
- José Henrique Artigas de Godoy (UFPB)
- Josilene Pinheiro Mariz (UFCG)
- Leticia Andrade (UEMS)
- Luiz Gonzaga Teixeira (USP)
- Marcelo Almeida Peloggio (UFC)
- Maurício Novaes Souza (IF Sudeste-MG)
- Michelle Sato Frigo (UFPR-Palotina)
- Revalino Freitas (UFG)
- Simone Wolff (UEL)

Dedico este trabalho à Celisângela, ao Alexsandro, à Liandra e ao Daniel, minha base.

A minhas amigas e amigos mais próximos, que muito me incentivaram para que este sonho (que eu nem sabia que o era) se tornasse realidade.

À Maria Clara Sampaio, grande incentivadora dessa minha jornada, minha total gratidão.

AGRADECIMENTOS

Tomo a liberdade de começar estes agradecimentos realizando uma confissão. Terminar esta pesquisa foi um dos momentos mais desafiadores da minha trajetória acadêmica até aqui, por todas as determinações que nos foram impostas, devido à pandemia global da doença do novo coronavírus (Covid-19) e por quanto isso implicou: dificuldades de acesso a fontes, debates presenciais, condições sociais e psicológicas, que refletiram na execução e até mesmo na qualidade desta. Diante disso, inicio este momento tão importante agradecendo aos meus pais, Celisângela Silva Cruz e Alexsandro Neves da Cruz, o apoio emocional, logístico e financeiro; nada seria possível em minha vida, se não contasse com o apoio de ambos.

Estendo estes agradecimentos à minha irmã, Liandra Vitória, que foi colo, ouvido e companhia nos mais diversos momentos desta minha trajetória, assim como ao meu irmão caçula, Victor Daniel, que, mesmo com seu jeito tímido, esteve sempre presente para o que desse e viesse, como costumam dizer. Às minhas lindas avós, Maria Neves e Maria Rita, minhas tias, Marcela Neves e Elisangela Alves, minhas primas Eduarda Neves e Kamilly Vitória, que me proporcionaram bons momentos de descontração, risadas e a felicidade de vê-las iniciar essa caminhada com o ingresso na minha querida Universidade Federal do Sul e Sudeste do Pará (Unifesspa). Sou grata por saber que sempre terei para onde voltar, se as coisas saírem do planejado.

Pude contar com o apoio e auxílio de muitas pessoas nessa minha trajetória acadêmica. Nem será possível citar nominalmente todas, mas de antemão agradeço a cada uma por contribuir para que este sonho (que eu não sabia que o era) se tornasse real. Dito isso, gostaria de mencionar algumas dessas pessoas que me ajudaram a finalizar esta parte tão significativa da minha vida e começo pelo meu amigo Carlos Eduardo Ribeiro, que me acompanha desde o ensino fundamental, que me apoia em todos os meus projetos profissionais, é excelente em me trazer para a realidade quando já estou desesperada e que acredita em mim mais do que eu mesma; com ele pude falar mais de uma vez sobre todos os aspectos da minha pesquisa e quanto ela se tornava desafiadora a cada nova busca por fontes ou reunião de orientação, até a materialização desta neste livro.

De igual modo, sou extremamente grata ao meu amigo Art Xavier e à minha amiga Geysa Rocha, que foram suporte, ouvidos e risadas ao longo desse período. Ao meu amigo Mariti Mota, por seu apoio ("*Vai dar tudo certo, boba*") e momentos de descontração; à Grace Gomes, que desde sempre foi parte importante da minha caminhada, não só acadêmica; à Daleth Sabrine, que vejo de tempos em tempos, mas sempre tem as palavras certas para os diferentes momentos. Ao meu amigo André Fillip, que se tornou um porto seguro e um ponto de apoio a cada dia que eu precisava "sair da realidade da academia"; às mulheres maravilhosas que entram em minha vida no fim de 2022 e tornaram-se apoio e colo, Marina Duran e Bianca Costa, muito obrigada. Aos meus companheiros da turma 2020, em especial à minha amiga Juliana Alves, aos meus amigos Alan Martins e Policleiton Cardoso, por dividirem as dores e as delícias dessa experiência da pós-graduação, que se tornou um pouco mais difícil no momento pandêmico.

Gostaria de dedicar parte desta seção à minha orientadora, Dr.ª Maria Clara Sales Carneiro Sampaio, que foi fundamental em minha trajetória acadêmica desde a graduação em História na Universidade Federal do Sul e Sudeste do Pará. Sou extremamente grata pela atenção, pelo cuidado, dedicação e investimento que dedicou a mim, a minha pesquisa e a este livro durante todo esse período. Foram muitos anos de reuniões, apresentações de trabalhos, textos produzidos, trocas intelectuais, apoio emocional e técnico; se cheguei até aqui, devo muito a ela. Se tenho uma certeza nessa caminhada acadêmica é a de que fiz uma escolha sábia ao procurá-la em 2017 para orientação.

Não menos importante, agradeço ao Programa de Pós-Graduação em História da Unifesspa, por todo o profissionalismo e pelos atendimentos no período em que estive ligada ao programa; à Propit/

Unifesspa, pelo auxílio técnico com a bolsa de pesquisa; e à Fundação Amazônia de Amparo a Estudos e Pesquisas (Fapespa), pelo apoio técnico e financeiro para finalização desta pesquisa. De igual maneira, agradeço à Dr.ª Maria Helena Pereira Toledo Machado, ao Dr. José Maia Bezerra Neto e à Dr.ª Anna Carolina de Abreu Coelho as contribuições fundamentais no processo de qualificação e conclusão da pesquisa que agora se transforma em livro.

Por fim, mas não menos importante, agradeço ao Deus em que acredito, a provisão e as pessoas que colocou em minha vida para que eu chegasse até aqui com amor e apoio. Muito obrigada!

SOBRE LUIZ GAMA
E O ABOLICIONISMO GRÃO-PARAENSE:
UM PREFÁCIO

No início da década de 1880, o abolicionismo ganhava novo fôlego na luta contra a escravidão. Antigas associações emancipadoras voltavam à ativa, tal como a Sociedade Philantrópica de Emancipação de Escravos, fundada em 1869, desarticulada em 1872/1873, mas rearticulada em 1881, na cidade de Belém do Pará, embora, é verdade, o surgimento de novas agremiações tenha sido a marca desse período do chamado movimento abolicionista. Na província paraense não seria diferente do restante do Brasil. Várias foram aquelas criadas, de teor moderado ou radical, reunindo segmentos das elites, camadas médias e das classes baixas. Algumas efêmeras, umas mais que outras, deixando-nos apenas um pálido registro de sua existência; outras mais atuantes e dinâmicas, ganhando maior visibilidade. Entre essas novas agremiações, temos a criação do Club Luiz Gama, em 1882, na cidade de Belém, segundo notícia veiculada pelo jornal *Diário de Belém*, curiosamente um jornal conservador, tradicionalmente vinculado ao segmento empedernido do Partido Conservador, ou seja, facção menos afeita ao reformismo.

Infelizmente, ainda sabemos muito pouco sobre o Club Luiz Gama, quase nada, comparado ao que já sabemos sobre outras agremiações emancipadoras e abolicionistas, tais como a já citada Sociedade Emancipadora, ou ainda o Club Patroni, a 28 de Setembro, o Club dos Patriotas e o Club Amazônia, além da Sociedade Libertadora de Benevides.

Em seu livro, originalmente sua dissertação de mestrado, "Lugares distintos, ideias convergentes: o abolicionismo em notícias circulantes na imprensa grão-paraense e o potencial simbólico de Luiz Gama", Lizandra Júlia Silva Cruz dá-nos a conhecer a existência do Club Luiz Gama, que visava à libertação de artistas (que faziam trabalhos manuais) e/ou operários, portanto a alforria de uma categoria de trabalhadores escravizados, indício talvez de marcador social de seus associados, quem sabe trabalhadores, ainda que livres. O que demonstraria, por sua vez, a capilaridade no imaginário social da legenda do abolicionista Luiz Gama, falecido em 1882.

Nas lutas contra a escravidão, fazendo história, os abolicionistas travaram batalhas igualmente no campo da memória, buscando fazer do abolicionismo herdeiro das lutas pela Independência, advogando que a Abolição viria a completar a obra de emancipação política iniciada em 1822, sendo, portanto, movimento patriótico. Daí as legendas e efemérides da Independência seriam lugares do abolicionismo, denominando associações abolicionistas ou propiciando ocasiões para celebrar o patriotismo associado ao abolicionismo. Havia mais, porém.

Personagens e eventos associados à história da emancipação da escravatura também tinham vez e lugar no imaginário abolicionista em seus embates nos campos da história e memória. Rio Branco, o 7 de novembro de 1831 ou o 28 de setembro de 1871 são exemplos disso. Luiz Gama teria igualmente lugar no panteão do abolicionismo. Trata-se, portanto, de uma história cultural da Abolição e do abolicionismo, campo de investigação histórica ainda recente, no qual se insere, assim penso, o trabalho de Lizandra Cruz.

Trabalhando com a ideia de potencial simbólico para entender os usos sociais e políticos da legenda de Luiz Gama, quando seu nome era escolhido para nominar uma associação abolicionista, em Belém, ou uma caixa libertadora, para receber donativos em favor de alforrias, em São Paulo, valendo-se das notícias de jornais paraenses que referendavam a sua trajetória como abolicionista, a autora desvenda as teias do abolicionismo como realidade nacional, até mesmo buscando compreender as conexões entre as lutas pela Abolição nas províncias cearense e grão-paraense, com base nas veiculações das imagens abolicionistas de Luiz Gama. Assim, por exemplo, ficamos sabendo que o bacharel Benvindo Gurgel do Amaral, em 1870, na condição de redator principal do periódico *Jornal da Fortaleza*, replicava notícia de que em Santos, província paulista, Luiz Gama havia obtido a sentença de liberdade de seis escravizados, atuando como advogado deles, fazendo-o de comum acordo com a loja maçônica América, sendo a maçonaria, por sua vez, uma dessas teias que conectavam abolicionistas e abolicionismos pelo Império.

Aliás, o bacharel Benvindo Gurgel do Amaral, não sendo outro de igual nome e sobrenome e mesma origem, tendo migrado como tantos outros cearenses para a Amazônia paraense, tornou-se membro e advogado da Sociedade Libertadora de Benevides, fundada por colonos cearenses, atuando no fórum de Belém em defesa da liberdade escrava por meio das ações ou autos civis de liberdade, caminho de militância político-jurídica já trilhado por Luiz Gama.

Enfim, agregando novas possibilidades de estudos à historiografia da escravidão na região amazônica, com a qual a autora manteve diálogos ao longo de seu trabalho, temos um livro que, não sendo uma biografia de Luiz Gama, nem se propôs a sê-lo, nos revela por um ângulo diferente a grandeza deste brasileiro, filho de uma africana, escravizado, depois livre, que, mesmo morrendo antes de conseguir ver o fim da escravidão em seu país, tornou-se ícone dessa luta, sendo a sua legenda, em sua polissemia, apropriada e reapropriada, ainda hoje. Terminando, então, este prefácio, analisando o potencial simbólico da personagem Luiz Gama, temos um livro que soma na compreensão da história cultural do abolicionismo e da Abolição.

Belém do Pará, 8 de julho de 2023,
Dia da Ciência, Dia do Pesquisador

José Maia Bezerra Neto
Doutor em História pela Pontifícia Universidade Católica (PUC-SP).
Líder do Grupo de Pesquisa Escravidão e Abolicionismo na Amazônia – GEPEAM/UFPA/CNPq.

LISTA DE FONTES

A Constituição (CE) – 1882;
A Constituição: Órgão do Partido Conservador (PA) – 1877, 1882;
A Republica: Jornal do Club Republicano (PA) – 1887;
Diário de Belém (PA) – 1881, 1882, 1883, 1884;
Diário de Notícias (PA) – 1882, 1884;
Folha do Norte (PA) – 1896;
Gazeta do Norte (CE) – 1881, 1882, 1890;
Jornal da Fortaleza (CE) – 1870;
O Abolicionista Paraense (PA) – 1883;
O Cearense (CE) – 1881;
O Liberal do Pará – 1877, 1885, 1888;
O Libertador (CE) – 1881;
Pedro II: Órgão Conservador (CE) – 1888;
Pontos de historia do Brazil e do Pará – 1900.

SUMÁRIO

1
CONSIDERAÇÕES INICIAIS 19

2
DA ESCRAVIDÃO AOS MOVIMENTOS PELA ABOLIÇÃO: DIMENSÕES HISTÓRICAS E HISTORIOGRÁFICAS DO "LOCAL" AO TRANSATLÂNTICO 31

3
LUGARES DISTINTOS, IDEIAS CONVERGENTES: O POTENCIAL SIMBÓLICO DE LUIZ GAMA EM NOTÍCIAS CIRCULANTES NA IMPRENSA GRÃO-PARAENSE 63

4
PARA ALÉM DO GRÃO-PARÁ: A "TURBULÊNCIA" DE LUIZ GAMA EM PERIÓDICOS DA PROVÍNCIA CEARENSE 95

5
CONSIDERAÇÕES FINAIS 115
REFERÊNCIAS 121

1

CONSIDERAÇÕES INICIAIS

Inicio estas considerações inserindo minhas experiências e trajetória na conformação do que tomou a presente obra. Faz-se importante mencionar antes que, conquanto nossas motivações acadêmicas e pessoais se mantivessem durante toda a trajetória da pesquisa, algumas de nossas perspectivas e meios de análises precisaram tomar rumos distintos dos pensados inicialmente. O caminho possível para continuação e finalização deste livro parte de uma espécie de "ligação" mediante narrativas jornalísticas e pesquisas já realizadas (que mencionamos ao decorrer do texto) na tentativa de evidenciar a estreita aproximação entre as províncias do Grão-Pará e Ceará (com menções ao Amazonas) e as ideias de liberdade convergentes que vinham de lugares distintos do Império brasileiro, bem como a representação e o potencial simbólico de Luiz Gama nessas narrativas.

Ancorando-me na reflexão proposta pela escritora e teórica Grada Kilomba, inicio estas considerações apontando que ter a possibilidade de me colocar e me construir enquanto uma intelectual negra é "uma forma de transformar, pois aqui eu não sou a "outra", mas sim eu própria" (KILOMBA, 2019, p. 27). Eu, Lizandra Júlia Silva Cruz, mulher, negra, 26 anos, nascida em Marabá/PA, estudante da Universidade Federal do Sul e Sudeste do Pará (Unifesspa) desde a graduação em História e orientada desde o primeiro artigo lido sobre escravidão e Abolição pela Prof.ª Dr.ª Maria Clara Sales Carneiro Sampaio, encontro nesta obra, que é o resultado de minha pesquisa de mestrado, duas possibilidades que, de maneira pessoal, me movem: a possibilidade de responder a uma curiosidade acadêmica que carrego desde a graduação e, como já destacado na parte inicial deste parágrafo, construir-me enquanto pesquisadora.

Procuramos na construção desta pesquisa a possibilidade de somar e contribuir com os debates que já vêm sendo propostos — com o suporte das bibliografias e fontes disponíveis —, com uma narrativa que aponte possíveis diálogos entre os movimentos abolicionistas do "local ao nacional" com base na circulação de ideais de liberdade mediados pela imprensa. Na busca por reflexões e análises sobre os diferentes aspectos que constituíram os movimentos pela Abolição no Grão-Pará, e entendendo-a por meio dos periódicos que circulavam na imprensa na segunda metade do século XIX, como movimentos próprios, mas, não alheios a outros que estavam ocorrendo pelo Império brasileiro, propomo-nos a esquadrinhar alguns desses aspectos tendo como figura representativa e possível potencial simbólico o advogado, maçom, intelectual e "homem verdadeiramente grande", segundo as palavras do seu amigo Lúcio de Mendonça (1881a, p. 3)[1] no periódico *O Cearense*, Luiz Gama.

Justificar a trajetória e pertinência desta pesquisa implica, em primeiro lugar, traçar sua relevância acadêmica e social. Ela se iniciou na graduação com a disciplina Formação do Estado-Nação no Brasil, ministrada pela professora Maria Clara, na Faculdade de História (Fahist) da Unifesspa e culminou, parcialmente, na construção da monografia "Abolição, protesto escravo e ensino de história: reflexões acerca de algumas perspectivas de Luiz Gama sobre escravidão e liberdade", de 2019. Entre tantos aspectos da construção de um projeto de Estado-Nação no Brasil, um dos tópicos tratava a questão do Império brasileiro e seus desdobramentos.

Ao lidarmos com o contexto histórico do Segundo Reinado, a questão escravista e dos movimentos abolicionistas, foi-nos colocado em evidência Luiz Gonzaga Pinto da Gama — Luiz Gama —, um sujeito histórico, até aquele momento, pouco ou totalmente desconhecido nas experiências de ensino de grande parte dos estudantes acompanhando a disciplina; da mesma forma, notaram-se poucas

---

[1] Lúcio de Mendonça foi um intelectual influente, principalmente nas províncias de São Paulo e Rio de Janeiro, na segunda metade do século XIX, mas também circulou seus ideais em outras províncias, distante do seu campo de atuação, vide a publicação da biografia de Gama em um jornal cearense. Foi poeta, jornalista e um dos membros fundadores da Academia Brasileira de Letras. Mais informações em: http://www.mpf.mp.br/pgr/institucional/procurador-geral-da-republica/galeria-dos-ex-pgrs/galeria/biografia-de-lucio-de-mendonca. Acesso em: 10 jul. 2019.

informações sobre escravidão e Abolição nas províncias ao Norte, o que motivou a continuação desta temática na pesquisa desenvolvida no Programa de Pós-Graduação em História (PPGHIST) da Unifesspa e na publicação deste livro.

Assim, este tema surgiu nas pesquisas para o trabalho de conclusão de curso e estendeu-se à dissertação, culminando nesta obra, sob dois vieses: a falta de conhecimento acerca deste ator social, nos âmbitos básicos do ensino básico, visto que, em minha experiência pessoal, o primeiro contato com este sujeito foi na graduação na Unifesspa; e, social e academicamente, acreditando que a ampliação sobre os debates acerca dos movimentos abolicionistas com base em figuras históricas e na circulação de ideias por meio da imprensa torne possível ampliar os recursos que auxiliem na desconstrução da imagem de que negros e negras ocuparam somente lugares subalternos na história da construção da sociedade brasileira, como ainda se percebe em discursos arraigados socialmente.

Outro ponto que julgamos relevante é a possibilidade de ampliar, por meio desta pesquisa, a desmitificação que as províncias ao Norte não se utilizam de mão de obra escrava (como defendia a historiografia tida como tradicional) e, consequentemente, não construíram bases sociais para a Abolição e estavam alheias a esta ebulição social crescente. É fundamental destacar que este não é um campo inédito de pesquisas e que muito já se avançou acerca dos estudos sobre escravidão negra e Abolição na Amazônia, como será possível perceber na lista bibliográfica que organizamos no primeiro capítulo; ainda assim, a perspectiva que buscou se construir nesta pesquisa se coloca como mais um viés de ampliação deste debate.

Para a continuidade desta pesquisa, entre os objetivos originais, estava o exame das possíveis influências do ativismo/ideário de Luiz Gama nas ações abolicionistas do Grão-Pará. Escolheu-se, a princípio, a forma conjunta de ativismo jurídico e jornalístico combinados para se analisar, uma vez que a advocacia (gratuita) em prol de escravizados e escravizadas, combinada com a atuação na imprensa, com o objetivo, entre outros, de constranger as elites jurídicas e políticas, tornou-se um modo de atuar bastante distintivo de Gama. Como exemplifica o doutorando em história Bruno Rodrigues de Lima, na obra *Liberdade*, que conta com uma série de escritos inéditos do advogado defensor da liberdade ampla, geral e irrestrita:

> Jornalista e advogado experiente, Gama usaria de sua veia literária para mudar a chave narrativa e operar uma clivagem conceitual e prática no reposicionamento do abolicionismo em São Paulo, que viria a ter repercussão em todo o país. (LIMA, 2021, p. 15).

Com o advento da pandemia global da doença do novo coronavírus (covid-19), a imposição de medidas restritivas de distanciamento social e o fechamento dos arquivos por um longo período, impuseram-se necessidades de reajustar os meios e objetivos da pesquisa. Os prejuízos para a pesquisa documental, a princípio, imputaram novas formas de trabalho, como é o caso da utilização de documentação digitalizada e disponibilizada em plataformas de consulta remota, neste caso específico do acervo digital da Biblioteca Nacional (BN), em especial dos periódicos contidos na Hemeroteca Digital (HD). O projeto de pesquisa original dividia as pesquisas em arquivos entre a cidade de São Paulo e a cidade de Belém. Em São Paulo, em especial, o tempo seria dedicado majoritariamente aos acervos do Arquivo Público do Estado de São Paulo (Apesp). A pesquisa em Belém envolveria os acervos da Biblioteca Pública Arthur Vianna e do Arquivo Público do Estado, que, em maio de 2022, foram visitados, mas com novos olhares diante das fontes.

Para que se compreenda esse contexto, o tema-problema escolhido ao elaborar o projeto de pesquisa foi, com os suportes reflexivos de autoras como a Dr.ª Lígia F. Ferreira, a historiadora Elciene Azevedo e a historiadora Ana Flávia Magalhães Pinto, entre outros pesquisadores e pesquisadoras, de que maneira os escritos de Luiz Gama, mais especificamente com os escritos que compõem o *Primeira trovas burlescas* (de 1859) e alguns artigos que estiveram presentes em periódicos entre os anos de 1859 e 1882, ironizavam os costumes sociais da época e, além disso, exaltavam e defendiam a figura do negro e negra, e em que medida seria possível perceber uma *escrita de si*[2] nessas fontes, a despeito de sua faceta poeta, por exemplo. O que foi possível perceber, por exemplo, quando o jornalista carioca Valentim Magalhães exalta em um poema publicado no jornal *O Cearense*, circulante em Fortaleza, não apenas sua imagem de "terror dos escravocratas" como também sua faceta de poeta, vide o uso do pseudônimo Getulino, utilizado por Gama em seu único livro.

Esta linha analítica precisou ser colocada em segundo plano (mas não retirada do todo da pesquisa), e nossas análises principais voltaram-se para as perspectivas de representação[3] dessa figura nos jornais que circulavam nas capitais das províncias grão-paraense e, em menor medida, cearense, valendo-se da argumentação e de diferentes pesquisas que determinam a forte influência desta segunda nos movimentos pela Abolição, não só a sudeste, como também em províncias mais longínquas do então Império brasileiro, caso das províncias ao norte.

Diante disso, a dimensão que não pode ser perdida de vista, pela perspectiva de lutas em prol da liberdade no Brasil do século XIX e pela representação e/ou a memória[4] de/sobre Gama em tal debate, foi a procura por evidências que demarcassem a existência

---

[2] A Dr.ª Maria Clara Sales Carneiro Sampaio publicou recentemente um artigo intitulado "Reflexões sobre narrativa escrava (em língua inglesa) e os escritos de Luiz Gama", que joga luz a essa possível escrita de si por parte de Gama que mencionamos. Ver em: SAMPAIO, Maria Clara Sales Carneiro. Reflexões sobre narrativa escrava (em língua inglesa) e os escritos de Luiz Gama. **Rev. Hist. Comp.**, Rio de Janeiro, v. 16, n. 1, p. 301-328, 2022.

[3] Para compreender o sentido de representação, vamos nos valer das discussões suscitadas pelo intelectual Roger Chartier e seu debate sobre representação coletiva, "incorporando sob forma de representações coletivas as divisões da organização social. É preciso ter em mente que as representações coletivas são construtoras do próprio mundo social" (CHARTIER, 1991, p. 183).

[4] Nesse sentido, podemos nos valer do que o intelectual Jacques Le Goff (2003, p. 469) apontou sobre a memória para fundamentar o que acreditamos ser: "a memória social é importante constituinte da identidade individual e coletiva, e como tal, se configura como instrumento e objeto de poder. Sendo representação de si própria, torna-se mecanismo ideológico de legitimação, abrindo espaço para as mais variadas reivindicações".

de diálogos e/ou menções m,dessa figura histórica nas ferramentas que ajudaram a constituir os movimentos de emancipação e libertação de pessoas escravizadas na província do Grão-Pará, com especial atenção à capital. Nos apontamentos iniciais e que podem ser lidos como "primeiros passos" de movimentos abolicionistas nessa região, acreditamos estar a formação de um movimento de libertação de escravizados e escravizadas nesta província e que tem seu início marcado pela localidade de Benevides.

Como aponta a doutoranda Ana Carolina Trindade Cravo (2020), essa ebulição social foi fundamental para que o movimento ganhasse força e contribuísse para que esta província se tornasse "uma das pioneiras da região Norte a lidar com a resolução da liberdade cativa". Esse movimento, em parte, encabeçado pela Sociedade Libertadora Benevidense, foi importante para reger os diversos contornos que a luta pela Abolição acabou gerando dentro da província do Grão-Pará, "sendo num primeiro momento um exemplo a ser seguido para noutro representar grande perigo à ordem e a paz social" (CRAVO, 2020, p. 318, 307). E por que essa preocupação com a ordem e a paz social adquiriu tamanha importância ao lidarmos com a província paraense[5]?

Entre os anos de 1820 a 1840, Belém esteve envolta no movimento de cunho popular radical chamado de Cabanagem[6], que foi um dos responsáveis por agitar mudanças sociais que, à vista do governo da província, precisavam ser contidas pelo uso da força e, depois de reprimidas, exigiram mecanismos de controle que podem ser percebidos com a elaboração dos Códigos de Posturas Municipais; "tais códigos são exemplares quanto ao tipo de tratamento que a sociedade escravocrata dispensava as suas propriedades" (PALHA, 2009, p. 4).

---

[5] Importante mencionar que províncias vizinhas, que, em algum momento, foram apenas Grão-Pará e Maranhão, como o Ceará e o Maranhão passaram por processos semelhantes em relação a movimentos de cunho popular radical. Caso do movimento social denominado Balaiada em território maranhense e da greve dos Jangadeiros no Ceará.

[6] Ver mais em: RICCI, Magda. Cabanagem, cidadania e identidade revolucionária: o problema do patriotismo na Amazônia entre 1835 e 1840. **Tempo**, [s. l.], v. 11, n. 22, 2007. Dossiê: Cidadania e Pobreza; RODRIGUES, Simões Denise. **Revolução Cabana e construção da identidade amazônida**. Belém: Uepa, 2019.

Sabemos que o movimento cabano ocorreu antes do recrudescimento dos diferentes movimentos para libertação da mão de obra escrava, no entanto acreditamos que este em consonância com a necessidade de controle social dos extratos mais baixos da sociedade e a manutenção dessas estruturas de poder são os responsáveis pela maneira como a libertação de escravizados e escravizadas ocorreu em solo grão-paraense. Por meio das diferentes pesquisas sobre a temática e das análises realizadas por nós em jornais, é possível apontar um caráter mais estadista e legalista na formação desse movimento de libertação, o que não significa dizer que outros meios não foram utilizados para atingir esta liberdade; destaca-se apenas que via imprensa as notícias de maior circulação apontavam para esse viés mais legal.

O historiador e professor Dr. José Maia Bezerra Neto, por exemplo, destaca que o pioneiro estudioso da presença negra na Amazônia, Vicente Salles[7],

> [...] não consegue compreender as estratégias de luta e resistência escrava de outra forma a não ser através da formação dos mocambos, ou então considerando a rebeldia escrava através da participação na Cabanagem. (BEZERRA NETO, 2014, p. 5).

Isso não implica necessariamente uma "apatia" ou falta de estratégias menos legalistas para obtenção de libertação cativa; estas também obtiveram seu espaço, mas não parece ser a marca mais evidente do que pudemos perceber na sociedade do Grão-Pará nos utilizando da documentação proveniente da imprensa.

---

[7] "Vicente Juarimbu Salles, nascido em Igarapé-Açu, estado do Pará, no ano de 1931, foi um dos intelectuais mais importantes da Amazônia na segunda metade do século XX. Formado no curso de Ciências Sociais pela Faculdade Nacional de Filosofia em 1966, trabalhou em diversos órgãos governamentais na área de cultura e folclore entre os anos 1960 e 1980, além de ter sido diretor do Museu da Universidade Federal do Pará (MUFPA) nos anos 1990, instituindo o 'Acervo Vicente Salles', referência em temas como Folclore, Música, Cultura afro-brasileira, História, Teatro e Literatura" (MENEZES NETO, 2013, p. 9-10). Importante destacar que este foi um dos pioneiros nesta área e tem como uma das principais obras *O negro no Pará: sob o regime da escravidão* (1971). Ver mais sobre o autor em: MENEZES NETOS, Geraldo Magella de. As contribuições de Vicente Salles (1931-2013) para os estudos da literatura de cordel na Amazônia. **Nova Revista Amazônica**, Bragança, Pará, v. 1 n. 2, p. 9-26, jul./dez. 2013. PPG Linguagens e Saberes da Amazônia.

Diante dessas nuances e valendo-se de estratégia semelhante a do historiador Bezerra Neto em seu artigo "Cenas da escravidão: senhores e trabalhadores escravos em Belém (1860-1888)" utilizamos os periódicos *O Liberal do Pará* (1869-1889), *A Constituição:* Órgão *do Partido Conservador* (1874-1886), *Diário de Belém: Folha Política, Noticiosa e Comercial* (1868-1889), *Diário de Notícias* (1881-1889), *O Abolicionista Paraense* (1883), *Folha do Norte* (1896-1903), *O Cearense* (1871-1889), a *Gazeta do Norte* (1880-1890), *A Constituição* (1882), o *Jornal da Fortaleza: Folha Política, Comercial e Noticiosa: Sustenta as Ideias Liberais* (1870), o *Libertador* (1887 e 1890) e *Pedro II: Órgão Conservador* (1888) para ampliar a compreensão acerca dos caminhos dos movimentos pela Abolição no Grão-Pará mediante a circulação de notícias, ideias e ações, além do livro *Pontos de historia do Brazil e do Pará* (de 1900), encontrado na seção de obras raras da Biblioteca Municipal Arthur Vianna em Belém.

Para essas análises, uma vez que se percebeu que a pandemia duraria muito mais tempo do que se poderia imaginar, a consulta ampla de um número grande de documentos sem a necessidade de armazená-los em locais físicos ou na nuvem passou também a ter impacto nas escolhas e nas possibilidades da pesquisa em arquivo. Compreendeu-se, por exemplo, que a qualidade das ferramentas de *Optical Character Recognition* (OCR) nos metadados do acervo da HD-BN é, em muitos sentidos, melhor do que em outros acervos digitais e por esse motivo esse foi uma, das três maneiras que nos valemos para chegar aos resultados desta pesquisa. Quer-se apenas pontuar que a escolha por arquivos disponibilizados na HD-BN permitiu a varredura mais rápida de diferentes conjuntos documentais. Contudo, para além da varredura explicitada, também fomos para pesquisas em acervos digitais com buscas na HD-BN, com metodologias mais tradicionais, via nome e palavras-chave, bem como com pseudônimos conhecidos (como é o caso de *Afro*, indicado por Lima). Para finalização das análises, também fizemos a leitura completa dos periódicos, na tentativa de não deixar escapar nenhuma menção ao Gama.

Como passo seguinte, buscamos e coletamos extratos desses jornais que circularam em Belém e regiões próximas e na capital cearense, sabidamente a província tida como referência para os grão-paraenses, nos anos de *1870, 1877, 1881, 1882, 1883, 1884, 1888, 1890* e *1896*, que nos forneceram informações sobre a figura de Luiz Gama em, pelo menos, três vertentes: o possível vetor de ideias de liberdade que circularam para além de seu campo prático de atuação, o advogado com causas não ligadas diretamente ao antiescravismo e a reverberação de sua doença e posterior falecimento em territórios a que sua ação prática não chegou, mas nos quais as notícias de seus feitos ecoaram. Esta escolha metodológica não trata de um esquema de "causa e efeito" ou de apenas recepção de ideias advindas do eixo São Paulo-Rio de Janeiro; ao adotar tal estratégia, estamos trabalhando com uma possível circulação de ideias, que se tornou bastante efetiva com o poder da imprensa que fazia circular por todo império ideias convergentes de lugares distintos.

Ante o exposto, este livro traz três capítulos que versam entre a estrutura constitutiva dos movimentos pela Abolição da escravidão na região Norte, com especial atenção ao Grão-Pará, e em alguma medida na província Cearense, bem como a mobilização do conceito de *potencial simbólico* à luz da figura de Luiz Gama nesses territórios. Para que se compreenda, ao lidarmos com o conceito de potencial simbólico, estamos nos apropriando de uma discussão realizada pelo historiador Christopher Leslie Brown (2006) no seu livro *Moral capital*.

Brown, ao revisitar as origens do movimento antiescravagista britânico do fim do século XVIII, põe em debate a perspectiva de mudança nos sentimentos e nos valores que movimentavam os ingleses, e que isto acabou por fomentar mudanças de visões do império e da nação na Grã-Bretanha na época, particularmente as ansiedades e os deslocamentos estimulados pela Revolução Americana; e ajuda-nos a refletir sobre os debates pela Abolição para além da questão econômica. O potencial ou capital simbólico aqui mobilizado vai ao encontro à construção de figuras e ideais que podem ser tidas como referências dos movimentos pela Abolição em diferentes cenários das províncias do Império brasileiro.

No capítulo 2, intitulado "Da escravidão aos movimentos pela Abolição: dimensões históricas e historiográficas do 'local' ao transatlântico", julgamos necessário construir uma revisão bibliográfica que contemple os processos políticos, econômicos e sociais da escravidão e da Abolição de maneira "local", nacional e transatlântica, apontando, por meio dos periódicos encontrados na imprensa e das pesquisas sobre a temática realizadas até aqui, dois pontos, quais sejam: a maior inserção desses movimentos pela Abolição nas diversas análises historiográficas iniciadas majoritariamente depois da década de 1970; e como esses movimentos se constituíram na realidade grão-paraense (neste trabalho, também veremos de maneira mais sutil alguns aspectos da realidade cearense), com especial força nas décadas finais do século XIX; bem como introduzimos as discussões sobre as ferramentas que compuseram as bases da Abolição no Grão-Pará.

O capítulo 3, intitulado "Lugares distintos, ideias convergentes: o potencial simbólico de Luiz Gama em notícias circulantes na imprensa grão-paraense", é dividido em dois momentos analíticos: em um primeiro momento, apontamos as principais ferramentas que constituíram as bases da Abolição em território grão-paraense, com especial destaque para associações, clubes e grêmios abolicionistas; e, em um segundo momento, mobilizamos todas as notícias encontradas que fazem menção à figura de Luiz Gama — reiterando o argumento de seu *potencial simbólico* quando se apontam, nos diversos extratos, sua importância enquanto o "verdadeiro imperador do Brazil", ou nas homenagens após sua morte, referenciando-o como grande expoente das causas da liberdade. Dentro dessas análises, é possível perceber características convergentes das ideias dessa figura aos movimentos que se constituíram nessa província, bem como sua inegável representação, vide que, mesmo com diversos abolicionistas na província, este ainda possuía espaço no ideário de um clube idealizado para libertação cativa.

Ao nos encaminharmos para o fim destas análises, o quarto capítulo, intitulado "Para além do Grão-Pará: a 'turbulência' de Luiz Gama em periódicos da província cearense", expandimos nossas análises jornalísticas e buscas às menções à figura de Gama para os jornais circulantes na província do Ceará, comprovadamente influência direta para os movimentos no território grão-paraense e, de certa maneira, exemplo para as demais províncias do Império brasileiro. Baseamo-nos nessa comprovada influência e conseguimos observar diversas menções a Gama e à luta pela Abolição em diferentes periódicos cearenses no período citado anteriormente. Os jornais mapeados que circulavam na província cearense foram *O Cearense (entre 1871-1889)*, a *Gazeta do Norte (1880-1890)*, *A Constituição (1882)*, o *Jornal da Fortaleza: Folha Política, Comercial e Noticiosa: Sustenta as Ideias Liberais (1870)*, o *Libertador (1887 e 1890)* e *Pedro II: Órgão Conservador (1888)*, nos quais foi possível encontrar menções ao nascimento e carreira de Gama, a ele enquanto sócio de uma *Sociedade redemptora* junto a Joaquim Nabuco e outros abolicionistas que ganharam notabilidade regional e nacional, a repercussão sobre sua morte e, em boa parte dessas referências, sua dimensão enquanto um "símbolo heroico" das causas pela liberdade.

Desse modo, temos na construção desta pesquisa uma linha de análise que julgamos necessária para compreensão de nossas hipóteses, qual seja: a apresentação da historiografia pertinente ao tema, a análise de fontes jornalísticas que nos ajudam a perceber as nuances da escravidão e das bases constitutivas da Abolição, com especial destaque para as províncias do Grão-Pará e Ceará e, como aspecto específico de nossas análises, a representação e mobilização do *potencial simbólico* da figura de Luiz Gama nesses dois territórios.

2

DA ESCRAVIDÃO AOS MOVIMENTOS PELA ABOLIÇÃO: DIMENSÕES HISTÓRICAS E HISTORIOGRÁFICAS DO "LOCAL" AO TRANSATLÂNTICO

Para iniciar nossas análises, julgamos necessário apontar os aspectos que compõem este capítulo. A compreensão das dimensões históricas e historiográficas sobre a questão da escravidão e das bases constitutivas da Abolição é fundamental para percebermos as nuances econômicas, políticas e sociais destas instituições no território nacional e, em nossa pesquisa, a ênfase nas províncias grão-paraense e cearense. Neste primeiro momento, começamos o debate sobre a escravidão por meio dos periódicos encontrados na imprensa do período e das pesquisas sobre a temática realizadas, contudo é importante evidenciar que, para além da questão cativa, traremos, desde o fim deste capítulo, aspectos introdutórios sobre a Abolição, o que se estenderá no capítulo "Lugares distintos, ideias convergentes: o potencial simbólico de Luiz Gama em notícias circulantes na imprensa grão-paraense". A mobilização de conceitos como *abolicionismo* e *emancipacionismo* na perspectiva de *Histórias conectadas* compõe as análises deste capítulo, e não apenas para a compreensão desta seção: nossas reflexões mostrar-se-ão essenciais durante todo o texto, vide que nossa tentativa é construir conexões que contemplem aspectos gerais e específicos do período analisado.

Assim, ao refletir sobre a estrutura constitutiva dos movimentos pela Abolição da escravidão na região Norte[8], com especial

---

[8] Aqui nos referimos às províncias de Grão-Pará e Ceará como Norte porque, segundo Flávio dos Santos Gomes e Lilia Moritz Schwarcz no verbete sobre a "Amazônia escravista", a nomenclatura sobre essa região geográfica é bastante imprecisa e o estado do Grão-Pará e Maranhão comportava também Ceará, Piauí, Maranhão, Amazonas e Acre, além de fronteiras com Rondônia e Amapá (GOMES; SCHWARCZ, 2018).

atenção ao Grão-Pará, podemos partir de pelo menos dois pontos que podem nos ajudar na compreensão de suas múltiplas facetas: 1. a maior inserção desses movimentos pela Abolição nas diversas análises historiográficas iniciadas majoritariamente depois da década de 1970; 2. e como esses movimentos se constituíram na realidade paraense (neste trabalho, também veremos de maneira mais sutil alguns aspectos da realidade cearense), com especial força nas décadas finais do século XIX.

Para fazer sentido, o primeiro ponto vai ao encontro ao reconhecimento histórico e historiográfico, mesmo que pareçam óbvios, não só da existência, mas também da importância do emprego da mão de obra escrava africana nas províncias do Norte brasileiro. Esses temas que, durante algum tempo, não foram amplamente investigados pelo que se costumou chamar de historiografia tradicional, e, consequentemente, acreditava-se não haver bases sociais expressivas para a Abolição e que estas sociedades estavam alheias à ebulição social crescente que os movimentos abolicionistas e emancipacionistas formavam em outras regiões brasileiras. Ao utilizar os termos "emancipacionismo" e "abolicionismo", esse debate pode ser compreendido de maneira mais completa no artigo de autoria do professor Dr. José Maia Bezerra Neto intitulado "A segunda Independência: emancipadores, abolicionistas e as emancipações do Brasil". Estamos demarcando que existe diferença entre estes: enquanto o primeiro prega um gradualismo na libertação de escravizados e escravizadas, o segundo aponta para um rompimento total e irrestrito com a instituição escravista (ainda que se faça de forma compensatória para as elites senhoriais). É fundamental destacar que, mesmo que durante algum tempo o tema não estivesse em evidência, este não é um campo inédito de pesquisas, e muito já se avançou acerca dos estudos sobre escravidão negra e Abolição na Amazônia.

Nesse sentido, não podemos deixar de mencionar a importância do historiador José Maia Bezerra Neto para a sedimentação dos estudos sobre a escravização africana e sobre a Abolição no Grão-Pará do século XIX. Como este aponta em seu texto "Do vazio africano à presença negra: historiografia e referências sobre a escravidão africana na Amazônia": "Ainda hoje, em alguma medida, se desconhece a importância em seus vários sentidos da escravidão de origem africana na Amazônia, mais precisamente no Pará" (BEZERRA NETO, 2020, p. 9). Contudo, em obra organizada por este e pelo historiador Luiz Carlos Laurindo Júnior (onde se encontra o texto *supra*citado), intitulada *Escravidão urbana e abolicionismo no Grão-Pará* (de 2020), é possível obter um panorama mais abrangente sobre os principais estudos dessas temáticas, bem como algumas novas perspectivas sobre estas.

Bezerra Neto (2020) faz um mapeamento sobre os estudos da presença escrava na Amazônia, que vêm crescendo de maneira significativa, desde o importante trabalho da antropóloga Anaíza Vergolino intitulado "O negro no Pará: a notícia histórica" (de 1968), às relevantes contribuições do antropólogo e professor Napoleão Figueiredo com "A marca do negro" (de 1975), "Presença africana na Amazônia" (1976) e "A diáspora africana na Amazônia e a abolição da escravidão no Pará" (1988)[9], e o clássico do pesquisador Vicente Salles, "O negro no Pará: sob o regime da escravidão" (1971), que acabaram por "abrir caminhos" para que pesquisas voltadas a esses temas na região amazônica pudessem ir adiante e obter novos olhares.

Nesse sentido, também destacamos as contribuições do historiador Eurípedes Antônio Funes, com seus estudos que foram publicados em formato de livros que tratam especificamente da região paraense, com o "Comunidades mocambeiras no Trombetas" (de 2015), e do caso cearense com o livro "Histórias de negros no Ceará" (2020), organizado por ele, pelo historiador Eylo Fagner Silva Rodrigues e pelo doutor em história Franck Ribard, entre outras obras. Faz-se necessário também evidenciar a importância da obra do historiador Flávio dos Santos Gomes com seus inúmeros trabalhos sobre escravidão e pós-Abolição em dimensão nacional (como se entende na historiografia) e na Amazônia; para citar:

---

[9] Bezerra Neto destaca que este último não foi publicado, tratando-se de um texto de conferência para comemorações do centenário da Abolição, "que eu saiba não publicado" (BEZERRA NETO, 2020, p. 26).

"A hidra e os pântanos: mocambos, quilombos e comunidades de fugitivos no Brasil (séculos XVII-XIX)" (2005) e o verbete "Amazônia escravista" (2018), escrito com a historiadora e antropóloga Lilia Moritz Schwarcz.

Outra importante contribuição é a da historiadora Patrícia Maria de Melo Sampaio com sua tese — entre outros escritos — "Espelhos partidos: etnia e desigualdade na colônia" (de 2001). O já mencionado José Maia Bezerra Neto, grande nome dos estudos de escravidão, emancipacionismo e Abolição no Grão-Pará, que também tem nos propiciado diversos trabalhos, entre eles sua dissertação de mestrado, "Fugindo, sempre fugindo: escravidão, fugas escravas e fugitivos no Grão-Pará (1840-1888)" (2000), e sua tese de doutorado, "Por todos os meios legítimos e legais: as lutas contra a escravidão e os limites da abolição (Brasil, Grão-Pará: 1850-1888)" (2009).

Ainda mais recentemente, temos os estudos do historiador Antônio Alexandre Isídio Cardoso com "O Eldorado dos deserdados: indígenas, escravos, migrantes, regatões e o avanço rumo ao oeste amazônico no século XIX" (2017), entre vários de seus escritos; o historiador Luiz Carlos Laurindo Júnior com "O tempo do não trabalho dos escravos e a construção de territórios negros na cidade de Belém (1871-1888)" (2020), entre tantas outras contribuições; a historiadora Bárbara da Fonseca Palha e sua dissertação "Escravidão negra em Belém: mercado, trabalho e liberdade (1810-1850) (2011)" e o seu texto "Belém: escravidão e liberdade na primeira metade do século XIX (2020)"; o historiador Pedro Monteiro Neves e a "Aplicabilidade da lei e as estratégias de libertação: uma análise sobre o fundo de emancipação no Grão-Pará (1871-1888)" (2020); a historiadora Ana Carolina Trindade Cravo e sua dissertação "'Haja Cacêtes!; Haja Páo!' A Sociedade Libertadora de Benevides: abolicionistas, escravos e colonos na luta contra a escravidão (1881-1888)" (2012) e o texto "Abolição, abolicionismo e a Sociedade Libertadora de Benevides (1881-1888)" (2020), entre outros estudos que estão permitindo a ampliação de conhecimento acerca da escravidão e Abolição na região.

A mobilização desses diferentes estudos faz-se importante para evidenciarmos que, pelo menos desde a década de 1970, existe uma preocupação em entender esses movimentos ao norte e perceber como estes se constituíram. Em Salles, podemos perceber um aspecto cultural; em Virgulino, números e dados que quantificam a presença negra na Amazônia; ao passo que, em Bezerra Neto, é possível destacar nuances que se enquadram em quantitativos e datas simbólicas, por exemplo, que nos ajudam a dimensionar alguns desses aspectos. Feitos os apontamentos iniciais acerca desses estudos, esta pesquisa busca trazer uma pequena contribuição a este campo historiográfico, indo em direção à percepção de como alguns dos ideais estabelecidos pelos movimentos de emancipação e Abolição da escravidão na província do Grão-Pará podem ter sido construídos também na medida de algumas possíveis assimilações de ideias de liberdade que tiveram como importante representante o advogado, literato, maçom e abolicionista Luiz Gama.

Não estamos defendendo que este foi o centro do debate, mas estamos apontando o viés específico de sua representação e memória na imprensa que circulou na capital grão-paraense e cearense e que o fez conhecido e, em certa medida, até um dos símbolos de um movimento abolicionista de viés legalista, e nem por isso menos resistente e turbulento, vide seus posicionamentos nas diferentes frentes que se tornaram ferramentas para a Abolição. Figura que construiu grande influência e constituiu um espaço de atuação sempre crescente na sociedade paulista, mas fazendo-se conhecida também em outros espaços; e, por esse motivo, buscou-se perceber como sua representação e memória ecoou via imprensa nas províncias aqui analisadas. Importante destacar que, apesar de já termos vasta bibliografia acerca de Gama, estão para ser lançadas centenas de textos inéditos de seus escritos, posicionamentos e visões de mundo, que, em longo prazo, podem ajudar a ampliar e sedimentar vastos debates em diferentes âmbitos sobre sua figura.

Como apontou Bezerra Neto, em uma palestra ministrada no dia 19/08/2021 para a abertura do semestre letivo do Programa de Pós-Graduação em História da Universidade Federal do Sul e Sudeste do Pará, para que se conheça e se insira o Grão-Pará na historiografia entendida como nacional, é preciso seguir um caminho em que se escreva *"uma história do Brasil a partir do nosso lugar de fala, do nosso lugar de pesquisa, a partir do lugar que nós estamos"*, e daí nossa tentativa de combinar tais elementos.

Assim, começamos este debate, que será construído de maneira dialógica, e não cronológica, entre os capítulos, precisando contextos mais gerais associados aos cenários da escravidão e Abolição na região Norte, no Império brasileiro e nas Américas[10]. Nesse sentido, Bezerra Neto (2009), em sua tese de doutorado, intitulada "Por todos os meios legítimos e legais: as lutas contra a escravidão e os limites da abolição (Brasil, Grão-Pará: 1850-1888)", destaca que, em sistemas escravistas viáveis, colocando como exemplos o caso dos Estados Unidos e o do Brasil, a queda de tal instituição está mais ligada à sua instabilidade política que a causas econômicas[11]. Diante disso, é preciso compreender, inicialmente, em que "lugar" dessas narrativas se encontram as ferramentas que movimentaram a emancipação e Abolição da escravidão na região amazônica e no Grão-Pará, em especial. De maneira geral, ao perpassarmos uma vasta bibliografia sobre os estudos dos movimentos abolicionistas, deparamo-nos com um foco maior de pesquisas relacionadas ao que denominamos de eixo São Paulo-Rio de Janeiro, em comparação às províncias do Norte.

---

[10] Acreditamos que nossas análises, nesse ponto específico, vão ao encontro do conceito de Histórias Conectadas, qual seja: "As Histórias conectadas, expressão proposta por Sanjay Subrahmanyam [...] aponta a perspectiva de Sanjay Subrahmanyam, a conexão entre as partes do mundo não deveria estabelecer polos, uns determinantes e outros subordinados, nem a comparação paralela, termo a termo, entre dois universos postos em contato de maneira contingente" (CARVALHO; PRATES, 2016, p. 6), ou seja, não existe uma relação de subordinação, e sim trocas que podem ajudar na compreensão de diversas experiências.

[11] Nesse trecho, o autor partilha da mesma argumentação do teórico Robin Blackburn, que aponta que "a escravidão não foi derrubada por motivos econômicos, mas sim quando se tornou politicamente insustentável" (BLACKBURN, 2002, p. 556 *apud* BEZERRA NETO, 2009, p. 3).

De maneira semelhante, a Dr.ª Maria Helena Pereira Toledo Machado destaca que, tanto no Brasil quanto nas regiões do Caribe e do Sul dos Estados Unidos, buscaram entender a queda da escravidão para além do viés econômico; pesquisadores e pesquisadoras começaram a buscar, a partir da década de 1970, explicações mais amplas para essa queda, como, por exemplo, a resistência escrava. Ver mais em: MACHADO, Maria Helena Pereira Toledo. Em torno da autonomia escrava: uma nova direção para a história social da escravidão. **Rev. Bras. de Hist.**, São Paulo, v. 8, n. 16, p. 143-160, mar./ago. 1988.

Nesse sentido, começamos a mapear — via análise de periódicos que circulavam pelo Império na segunda metade do século XIX, com especial atenção às províncias do Grão-Pará e Ceará, bem como com leituras atentas aos pesquisadores e pesquisadoras que escrevem sobre esta região nos períodos equivalentes — os principais aspectos constitutivos desses movimentos, buscando, de maneira específica, aproximações, menções, comparações, apresentações de pensamentos e ações que também eram defendidas pelo advogado, literato, maçom e abolicionista Luiz Gama.

Visto que, em nosso modo de construir tais reflexões, acreditamos que,

> [...] em primeiro lugar, a trajetória das figuras notáveis da abolição, como já mostraram alguns autores, é uma porta de entrada para se entender a vinculação das ruas com os extratos sociais e políticos outros. (GOMES; MACHADO, 2018, p. 23).

Assim, foi possível demarcar alguns dos principais aspectos, as leis, as alforrias, algumas das táticas usadas por escravizados urbanos, a educação como ferramenta, os clubes e associações; e, em alguns dos extratos analisados, pudemos apontar às vezes a representação, às vezes a representação e a evocação da memória de Gama.

Como apontam o historiador Flávio dos Santos Gomes e a historiadora Maria Helena Pereira Toledo Machado, este movimento no Grão-Pará, especialmente em Belém (e também em Porto Alegre), vicejou "um abolicionismo importante por meio de sociedades emancipacionistas, nascentes de movimentos operários e setores positivistas" (GOMES; MACHADO, 2018, p. 23). Para começarmos a tecer o panorama dos processos de emancipação e Abolição na Amazônia, partimos da argumentação do historiador Antônio Alexandre Isídio Cardoso, que coloca que o caso desta região é diferente do caso do Estado do Brasil, visto que

> [...] na Amazônia a lavoura e os demais empreendimentos tiveram um restrito acúmulo de capitais,

paulatinamente enfrentando refregas indígenas e obstáculos naturais que barravam um crescimento sistemático da produção[12]. (CARDOSO, 2016, p. 48).

Segundo Cardoso (2017, p. 43), em sua tese "O Eldorado dos Deserdados: indígenas, escravos, migrantes, regatões e o avanço rumo ao oeste amazônico no século XIX", "em pleno século XIX, quanto mais se subia os rios mais evidenciava-se a rarefação da presença do Estado, articulado em enclaves cercados por um mundo social cuja complexidade não era inteiramente conhecida". Talvez por este aspecto, que esbarra em questões econômicas e de mão de obra, esta região tenha sido "considerada por muito tempo pela historiografia como uma área periférica do império colonial português e depois do império brasileiro" (BEZERRA NETO, 2009, p. 5).

Ainda segundo Cardoso (2016), estes mundos de trabalho em território amazônico tinham como ferramentas de ação a mão de obra de indígenas e africanos escravizados[13], que moviam estes espaços e as relações de trabalho escravista na região até, pelo menos, a segunda metade do século XIX. É possível começar a tatear mudanças nesses cenários — entenda-se aqui a inserção mínima da região amazônica no cenário da historiografia nacional e alterações na estrutura do trabalho escravo, com base na integração desta na economia da borracha —; e, nessa situação, surge uma terceira mão de obra, a do migrante cearense, e assim temos a circulação de pessoas e, consequentemente, de ações entre as províncias. Como aponta Bezerra Neto:

> Na Amazônia, o advento da economia da borracha, ao longo da segunda metade do século XIX, com o recurso do trabalhador cearense pôde fazer-se sem o escravo a ser libertado, embora o extrativismo da

---

[12] O historiador Antonio Alexandre Isídio Cardoso faz referências mais ligadas à região do Amazonas, mas utilizamo-lo aqui por compreendemos que suas categorias analíticas são válidas para o Baixo Tocantins.

[13] Cabe aqui destacar que estas relações não estão limitadas ao mundo do trabalho. Cardoso (2017) aponta que, para além das diferenças culturais e conflitos, indígenas, negros e mestiços compartilhavam as demandas de subalternização e um idioma comum, o *Nheengatu*. "Tal língua não era nativa da calha do Norte, tendo sido forjada pelos Jesuítas, oriunda do *Tupi*, como ferramenta para enfrentar uma das primeiras e mais duras barreiras do processo de exploração colonial, qual seja, a imensa diversidade linguística existente na floresta" (CARDOSO, 2017, p. 58).

borracha como de outros produtos da floresta não fosse incompatível com o trabalho escravo, inclusive de origem africana [...]. (BEZERRA NETO, 2009, p. 6).

Diante do cenário citado anteriormente, a capacidade da região amazônica[14] de reter escravizados e escravizadas e expandir importações entre províncias está também diretamente ligada ao comércio da borracha, visto que, como apontam Bezerra Neto e Laurindo Junior (2018, p. 2), "durante o ápice do tráfico interprovincial, na segunda metade do século XIX, a região amazônica não teve perdas em larga escala de trabalhadores escravos para outras províncias"; e, além de manter seus escravizados e escravizadas, "formou um importante mercado regional de escravos em torno da sua principal praça comercial, Belém, capital da província do Grão-Pará".

Ainda num cenário mais geral sobre a região, Bezerra Neto (2009) leva-nos a refletir sobre os vínculos entre a economia da borracha e o abolicionismo; para ele, mesmo que de forma indireta, haviam sido criadas condições para que na província do Amazonas, por exemplo, com as receitas geradas pelos negócios da borracha, fosse possível criar um fundo para libertação dos escravizados e escravizadas junto à criação de uma lei emancipacionista que promoveu "a abolição da escravidão nesta província em 10 de abril de 1884" (BEZERRA NETO, 2009, p. 8). E a notícia de libertação dos cativos e cativas na província amazonense circulava em vários periódicos no Grão-Pará durante todo o ano de 1884 e servia de exemplo aos abolicionistas grão-paraenses, como destaca um trecho da notícia sobre a libertação dos escravizados no Amazonas e no Ceará em 17 de julho: "os abolicionistas têm hoje dous grandes nucleos de força: o Ceará e o Amazonas" (LIBERTAÇÃO..., 1884b, p. 2). Em outro excerto também é possível perceber um destaque do *Diário de Notícias*, que circulava pela capital paraense em 5 de julho sob o título de "Libertação do Amazonas":

---

[14] Ainda que consideremos parte do Maranhão como região amazônica (a depender do contexto social e econômico e do período a que nos referimos), as realidades maranhenses não são objeto dessa reflexão em específico. Na nota 8 deste texto, destacamos o período em que esta região era considerada apenas Grão-Pará e Maranhão, com base nos apontamentos de Gomes e Schwarcz (2018) em seu verbete sobre a região amazônica.

> As sociedades abolicionistas, em vista de não haver na província mais escravos, conforme as communicações das differentes commissões do interior, resolveram fazer declaração solemne d'este grandioso facto no dia 10 de julho. (LIBERTAÇÃO..., 1884a, p. 2).

Outro fator relevante para as reflexões acerca da escravidão, emancipação e abolição nessa região, e que vai ao encontro ao que já está sendo colocado, diz respeito à necessidade de compreender esses processos para além de atividades coletoras e comercialização das "drogas do sertão" ou da escravização indígena, como comumente se defendeu. É necessário entendê-lo conforme o imbricamento dessas relações sociais com a "existência de uma agropecuária voltada para o mercado, com a consequente utilização do trabalho escravo africano" (BEZERRA NETO, 2000, p. 13), desmistificando a ideia de que nessa região não houve presença expressiva de trabalho escravo de origem africana[15] e formando os pilares das especificidades dessa instituição na região, em especial no Grão-Pará.

Ao voltarmos nossos esforços especificamente para esta província, temos características ainda mais singulares para sua melhor compreensão, vide que a questão econômica influencia o debate sobre a Abolição, mas não pode ser entendida como o único fator explicativo da derrocada, de maneira mais lenta, da escravidão nessa região. Desde o fim do século XVII e início do século XVIII, como aponta historiadora Barbara da Fonseca Palha (2020), a cidade de Belém configurou-se como um importante centro de recepção e redistribuição de mão de obra escrava, e essa característica permaneceu enquanto o tráfico de escravizados e escravizadas perdurou na região, como já colocado, fosse esse tráfico transatlântico, fosse interprovincial ou intermunicipal (BEZERRA NETO; LAURINDO JUNIOR, 2018).

Para além dessa constituição econômica e de força de trabalho, estamos lidando com uma sociedade que, na primeira metade do século XIX, estava sob o viés radical da Cabanagem, e os representantes

---

[15] Como enfatizam Gomes e Schwarcz (2018, p. 106): "A Amazônia é sem dúvida a área escravista menos conhecida no Brasil. Como contamos com mais imagens provenientes do trabalho escravo no Nordeste açucareiro e/ou no Ouro das Minas Gerais, muitas vezes temos a impressão de que ela nunca existiu naquela região".

da elite viram-se na necessidade de reprimir o movimento e impor o controle sobre os revolucionários. Os confrontos dizimaram mestiços, indígenas e africanos escravizados e parte da elite amazônica, e, como destaca a historiadora Magda Ricci:

> Nascida em Belém do Pará, a revolução cabana avançou pelos rios amazônicos e pelo mar atlântico, atingido os quatro cantos de uma ampla região. Chegou até as fronteiras do Brasil central e ainda se aproximou do litoral Norte e Nordeste. Gerou distúrbios internacionais na América caribenha, intensificando um importante tráfico de ideias e de pessoas. (RICCI, 2007, p. 6).

Diante da força do impacto que esta revolução teve na sociedade belenense, a única maneira que parece ter se mostrado eficaz para o controle e a "volta à normalidade" estava na repressão via força e mecanismos que reverberaram na postura que o governo adotou a partir de 1840. Palha esclarece, de maneira muito didática, como isto ocorreu:

> Como lavadeiras, carregadores de água, meninos de recado, amas de leite, pedreiros, compradeiras e outros trabalhadores, os cativos circulavam diariamente pelas ruas de Belém, no ir e vir do desempenho de suas funções. Ao circularem por Belém mantinham contato com diversos sujeitos, fossem escravos, livre ou libertos e formavam as suas redes de relacionamentos, tão temidas pelas autoridades que estavam a frente do governo do Grão-Pará e pela classe senhorial, especialmente pós-cabanagem. Nas ruas não podiam formar "ajuntamentos", comprar "bebidas espirituosas", circular depois das nove horas da noite ou depois do toque de recolher [...] muitas eram as proibições ou restrições impostas aos escravos e caso fossem descumpridas podiam sofrer com as punições, como prisões e chicotadas. (PALHA, 2011, p. 19).

Essa configuração associada de repressão dos escravizados e escravizadas para controle e manutenção social pós-movimento cabano — e o fortalecimento de uma economia baseada no tráfico, principalmente interprovincial — acabou por transformar Belém num centro urbano de escravidão que diverge um pouco da configuração mais geral, visto que comumente a parte mais expressiva das populações escravizadas estava inserida no contexto rural; "no próprio espaço urbano de Belém existia significativa presença de trabalhadores escravos negros, pelo menos desde as últimas décadas do século XVIII até 1823" (BEZERRA NETO, 2002, p. 223).

Na província grão-paraense, havia recursos advindos da borracha para a criação de fundos (como no caso Amazonense); no entanto, "em razão da maior envergadura da escravidão no Pará" e com o controle social bem estabelecido, esse movimento se arrastou um pouco mais para acontecer. Como as elites paraenses estavam, majoritariamente, associadas à agricultura, à pecuária e ao extrativismo, elas parecem ter conseguido gerir relativamente bem — na medida do possível — os impactos que a Cabanagem e os diversos movimentos pela Abolição estavam causando e aderiam ao emancipacionismo ou abolicionismo, desde que estes permanecessem sob as "regras" estabelecidas socialmente, ou seja, "desde que respeitados lugares de cada um na hierarquia social construída sob a escravidão". Nesse sentido, o fim da instituição escravista no Grão-Pará não determinou um abandono imediato das diversas formas de trabalho compulsório, "nem sequer a pronta adoção do trabalho assalariado, apenas elas passaram a ser feitas em menor ou maior medida por homens livres, fossem imigrantes ou trabalhadores nacionais, incluindo aí os antigos escravos" (BEZERRA NETO, 2009, p. 8-9).

Algumas dimensões que não podemos perder de vista são alguns dos fatores que compõem esse amplo e complexo processo de escravidão e Abolição no Grão-Pará. Numa síntese: a integração da economia da borracha no cenário da região amazônica, os mecanismos de controle social via legislação elaborada para manter a estrutura social (caso dos Códigos de Posturas Municipais), bem como a capacidade de reter escravizados e escravizadas nos diversos ambientes da província, por conta da associação econômica da agropecuária, pecuária e extrativismo, foram os grandes responsáveis para que as elites suportassem os baques dos diversos movimentos pela libertação das populações escravizadas, a utilização de mão de obra africana e o fortalecimento de um mercado urbano de escravidão em Belém.

Bezerra Neto (2009), entre as diversas análises que realiza em sua tese — quais sejam, a questão da mão de obra escrava africana, a formação de um mercado urbano de escravizados, os múltiplos olhares que é possível ter em relação às autoridades públicas, os senhores e os escravizados na formatação da cidade de Belém —, ajuda-nos a perceber as teias complexas de relações e movimentos que os rumos da liberdade tomaram na capital. Além das diversas fugas na província e a formação de sociedades abolicionistas, dá-nos um possível fio condutor para a pesquisa que aqui se materializa: a luta dos escravizados e escravizadas instabilizando a instituição escravista com um caráter mais nacional dos movimentos pela Abolição.

Isso nos coloca diante de uma perspectiva em que a agência e resistência escrava andava lado a lado das sociedades emancipacionistas e abolicionistas na província do Grão-Pará, pois era a forma mais eficiente de se chegar à liberdade, porquanto a legislação era parte dessa configuração social, e a associação destas ferramentas poderia gerar mais frutos, evidenciando que "as lutas empreendidas contra a escravidão possuíam um caráter tanto local, quanto nacional, do qual muitos abolicionistas brasileiros tinham precisa noção"[16] (BEZERRA NETO, 2009, p. 9).

Um caminho para a percepção desse caráter que se convencionou pensar como nacional, e que também transita em âmbito local, são as já mencionadas sociedades emancipacionistas e abolicionistas. Na região Norte, mais precisamente no Grão-Pará, movimentam imprensa e sociedade e, junto ao caráter político-conservador estadista nessa província, dão o tom dos debates por liberdade e definem um cenário de libertação gradual a partir da segunda metade do século XIX.

---

[16] Importante frisar que não voltaremos nossa atenção para o caso da província maranhense, ainda que seja impossível não o relacionar ao desenvolvimento da escravidão na calha Norte. Acreditamos que os pontos já mencionados conseguem comportar as dimensões desses processos na região.

Nos primeiros anos da década de 1880, as discussões foram tomando pelo menos dois rumos distintos que se alinhavam aos já delineados em outras províncias: enquanto a ala conservadora insistia na manutenção da instituição escravista, a ala emancipadora e parte da abolicionista (o setor do abolicionismo moderado) apontavam para uma libertação gradual; e essa questão foi

> [...] marcada pela ambiguidade: de um lado, bandeira cara aos emancipadores e abolicionistas por razões humanitárias, de moralidade e civilização; por outro, era de interesse dos escravocratas por garantir a escravidão como uma realidade comum ao país. (BEZERRA NETO, 2009, p. 372).

Nessa realidade, as alas de emancipação e abolicionismo moderado colocavam suas justificativas para além da luta contra a escravidão, apontavam para o ideal de que, mesmo abolida a instituição escravista, a estrutura social deveria ser preservada e "que os antigos escravos entendessem que vivendo em liberdade o mundo não havia ficado de ponta-cabeça" (BEZERRA NETO, 2009, p. 376). Os trechos a seguir, encontrados no jornal *O Abolicionista Paraense* (1883), com edição intitulada "Libertação racional e transformação do trabalho" e publicada em Belém em 24 de junho de 1883, exemplificam essa visão:

> A transformação do trabalho é uma necessidade de ordem economica, e se se trata de da causa humanitaria, a cujo triumpho nos temos consagrado, é obvio que a substituição dos braços escravos pelos braços livres encerra uma iniciativa de alto senso pratico.
>
> Praticamente não se verifica uma eliminação, ou a substituição, propriamente dita.
>
> O meio que propomos é a transformação do braço escravo em braço livre, isto é, a transformação de forças passivas applicadas pelo constrangimento ao trabalho em propulsores de actvidade espontanea, cujo o objectivo imediato é a posse do direito, que constitue o fundamento da personalidade moral.

> [...] O escravo, como tal, não é um homem, é um instrumento aviltado, um monstro na ordem moral, um inimigo da sociedade e da familia.
>
> Mas, si o senhor quizer, de repente desapparecerá o monstro; o ex-senhor, a sociedade, a familia, vera surgir das trevas, da ignominia, das approximações do crime, da desesperança, um homem confortado, começando seu caminho, avigorando em novos sonhos de felicidade, um productor activo, energico, firme[17] [...]. (O ABOLICIONISTA PARAENSE, 1883, p. 1).

A percepção que se tem diante desses apontamentos é que, a partir da década de 1880, esses discursos estavam emergindo na sociedade e "a força do gradualismo residia justamente na promessa de um melhor e maior controle social sobre o uso da liberdade" (BEZERRA NETO, 2009, p. 376) para manter a hierarquia social, também tomados pelo receio de uma ebulição social sem precedentes, levando em conta o que já tinha ocorrido na primeira metade do século. Entre os elementos apontados até aqui, é possível perceber alguns aspectos fundamentais para a compreensão dos movimentos pela Abolição no Grão-Pará, no discurso escravista e moderado, em que se vê a coadunação de elementos econômicos e sociais para a manutenção da estrutura social vigente, ao passo que as articulações mais rígidas contra a instituição escravista se apoderam do fortalecimento das sociedades abolicionistas, dos discursos mais radicais e das resistências escravas para construir diferentes frentes de luta.

Para nossas análises seguintes, os aspectos contemplados vão ao encontro das ferramentas que melhor definiram as bases das abolições ao Norte: as sociedades, os clubes e os grêmios abolicionistas. Em diversos extratos de jornais pesquisados por nós, na Hemeroteca Digital, com concentração de referências na década de 1880, juntamente aos estudos trazidos por Bezerra Neto (no caso paraense),

---

[17] Optamos por preservar a escrita encontrada no periódico.

em sua tese, é possível perceber que esses diversos grupos reunidos em clubes, associações e grêmios foram responsáveis por movimentar diretamente várias ações de liberdade, fossem elas no Grão-Pará, no Amazonas (com sua Abolição declarada em 1884), fossem elas no Ceará (também de 1884). Essas ações se valiam de diversas frentes de luta, quais fossem, o caso da associação de Benevides em território paraense e a sua luta armada, as associações artísticas e os seus eventos para conscientização e arrecadação de verbas, o levantamento de fundos para pagamento de alforrias e os clubes que utilizavam aportes jurídicos para liberdade cativa. Nesse mister, algumas dessas instituições mobilizavam meios para que fosse possível contemplar mais de uma arena de luta para liberdade das pessoas cativas.

No *Diário de Notícias*, é possível encontrar um convite redigido pelo advogado Raymundo B. Leal C. Branco em prol do ensino prático, trabalho livre e abolição da escravidão, tudo em um mesmo "apelo", mas em diferentes arenas, como explicitado no parágrafo anterior:

> A redempção da Amazonia, pelo ensino pratico, trabalho livre, abolição da escravatura, e colonisação:
>
> [...]
>
> III O trabalho livre.
>
> V Supplica á Amazonia.
>
> VI A liberdade inalienavel, e o preço de seu resgate.
>
> VII Amazonia e Ceara.
>
> IX Força e justiça da causa abolicionista. O justo valor dos escravos. Magistrados abolicionistas.
>
> XIV Sociedades abolicionistas e sua importancia. (CONFERENCIA..., 1884, p. 2).

Para nos atermos às notícias combinadas das províncias cearense, amazonense e grão-paraense, trazemos aqui alguns trechos que dimensionam a importância que estas ferramentas obtiveram para lutas por liberdade. No jornal *O Libertador: Órgão da Sociedade Cearense Libertadora*, publicado em 1 de janeiro de 1881, circulante na cidade de Fortaleza, capital da província, encontramos o extrato que destaca a criação da Sociedade Cearense Libertadora, apontada como a principal instituição reconhecida pelo governo da província para apoio e luta pelas causas da liberdade. Como os responsáveis pelo jornal apontam: "a fundação da grande sociedade abolicionista <<Cearense Libertadora>>. Estão pois saptisfeitas as nossas justas e sinceras aspirações" (O Libertador, 1881, p. 5).

Em outro trecho, publicado no mesmo ano, achamos menção à fundação de uma sociedade na província amazonense, intitulado "Viva o Amazonas". Neste os redatores celebram a criação de mais uma sociedade que se achega "a causa sacro-sancta da redempção dos captivos":

> Os senhores Luiz Mesquita de Loureiro Marães (proprietario e redactor do Commercio do Amazonas), Domingos Theophilo de C. Leal, Joaquim Rocha dos Sanctos, Manoel José Zuany de Azevedo e Manoel de Miranda Leão dirigiram convites geraes, sem disticção de cor politica ou nacionalidade, para organisar-se uma sociedade abolicionista em Manaós.

> [...] A Redação do Libertador se congratula por este passo do mais alto alcanse que deu o Amazonas e abraça na intimidade das mesmas idéas e affectos os seus illustres collegas abolicionistas, fazendo votos mui sinceros para que a Sociedade Amazonense Libertadora seja uma verdadeira e formidolosa potencia. (O LIBERTADOR, 1881, p. 2).

No *Diário de Notícias*, jornal de cunho abolicionista, que circulou em Belém entre os anos de 1880 e 1898, há alguns extratos de notícias encontrados em diferentes periódicos da capital grão--paraense e que dão conta das diversas ações que envolveram as sociedades abolicionistas, permitindo-nos perceber algumas nuances e datas considerados simbólicas nessas lutas por liberdade, a ver o 28 de setembro e a Lei do Ventre Livre e as cartas de alforria cedidas por ambas por meio de seus recursos. Como pode ser visto no excerto a seguir, publicado no jornal *Liberal* e retirado do *Diário de Notícias*, onde se entrelaçam associações, lei, cartas de alforria e governo:

> [...] << O Club Patroni e a Associação Philantropica d'Emancipação de escravos [...] conscios de seus deveres e sobremaneira animadas pela attitude decidida e nobre do actual governo, de que é, s. exc. muito digno delegado ambas estas sociedades abolicionistas acham-se bem dispostas a caminhar avante, só tendo por guia a lei e por termino a redempção d'esses tantos infelizes, que tambem pertencem á essa familia imensa que se chama humanidade.
>
> Na doce effusão pois do maior contentamento, pelos benefícios, resultados da lei de 28 de setembro, ora saúdam unidamente a Patria na pessoa ilustre do s. exc., a quem respeitosamente entregam, para serem aqueles distribuidas, estas 5 cartas de liberdade. (O LIBERAL, 1882, p. 2).

Em outro extrato extraído do mesmo *Diário de Notícias*, em 2 de outubro de 1884, é encontrado um discurso abolicionista enfático e que denota a preocupação dos abolicionistas que redigiram e organizaram aquela edição do periódico quanto ao progresso do Império brasileiro, e ainda sinalizam uma preocupação de aspecto nacional para a resolução da questão servil. De tal modo,

> Todo progresso tem seu momento crítico, porque sempre levante queixas, reclamações, e opposições dos interesses, que elle vem perturbar, na sua descuidada posse; mas vence, custe embora, e custe muito. O da abolição total da escravidão no Brazil ha-de vencer, porque a liberdade é como o sol, dá movimento, calor, luz.
>
> O norte, cuja muralha fronteira é o Pará, e o sul, cuja muralhara fronteira é S. Pedro do Rio-Grande, não podem defender com escravos a nação [...]. (CONGRESSO..., 1884, p. 3).

Em outro excerto dessa mesma edição, também é possível encontrar referência a um congresso abolicionista que foi organizado pelas associações abolicionistas da capital grão-paraense para ampliação dos debates pela liberdade junto à imprensa, "para organisar o partido abolicionista, que deve tomar parte no futuro pleito eleitoral" (CONGRESSO..., 1884, p. 3). Ainda na perspectiva das associações abolicionistas, mas para embasar nosso argumento de circulação de ideias entre as províncias, o jornal *A Republica*, que circulou pelo Grão-Pará entre 1886 e 1890, traz uma notícia veiculada no jornal *Gazeta da Tarde*, fundado por Ferreira de Menezes[18] e que, anos antes do trecho que será apontado a seguir, contava com frequentes participações de Gama na composição dos artigos. Segundo a nota apresentada em 1887, com o título "Brazil expulso":

> As sociedades abolicionistas do mundo pensam em reunir-se em um grande congresso e pedir aos seus governos que difficultem do café e mais productos brazileiros nos seus mercados, e alem disso para representar ao governo francez, pedindo a exclusão do Brazil na grande exposição de 1889, que devendo commemorar a declaração dos direitos do homem, não deve admitir no seu gremio um paiz de escravidão.
>
> Que gloria para o Brazil!!
>
> Que bello padrão de honra para o sr. D. Pedro II! (O BRAZIL..., 1887, p. 8).

Todos esses extratos foram trazidos para demonstrar um pouco da força que as sociedades/clubes abolicionistas possuíam nas campanhas pela liberdade de cativos e cativas, podendo ser considerada uma das principais ferramentas para esse embate, vide que as forças que mantinham a escravidão vigente no Grão-Pará detinham poder econômico e, consequentemente, social para fazer perdurar a questão

---

[18] José Ferreira de Menezes foi um advogado, jornalista, redator e conhecido abolicionista na província de São Paulo, que também se fez bastante conhecido em outros espaços do Império por ser o fundador do periódico *Gazeta do Povo* (que conseguia o feito de ter suas notícias ecoando em outras províncias) e por ser um ferrenho antiescravista. Para mais informações sobre essa figura histórica, consultar o primeiro capítulo do livro: PINTO, 2018.

servil no território grão-paraense. Para prosseguimento das análises, optamos por trazer alguns dos aspectos da instituição escravista e dos movimentos para libertação cativa em âmbitos mais gerais.

Assim, é possível demarcar, nas análises realizadas até aqui, o engendramento dos fatores comuns à composição das lutas por liberdade, em contextos tidos como nacionais, tais quais os discursos políticos, as movimentações nas diversas arenas sociais realizadas por diferentes atores políticos e a imprensa para disseminação destes ideais. Nesse sentido, é necessário que se compreenda o problema histórico da escravidão e seus significados não só para diferentes experiências regionais brasileiras, mas para a tessitura das tramas sociais da maioria esmagadora das sociedades nas Américas. Sobre essa questão, ensina-nos o historiador norte-americano David Brion Davis (2001), em sua obra clássica *O problema da escravidão na cultura ocidental*[19], como um paradoxo que pode ser percebido por pelo menos duas óticas principais: o fato de serem os proprietários de escravizados que estavam lutando pelos direitos a liberdade, ao passo que era possível detectar tamanha incoerência pelos conservadores americanos, quando se percebia "uma concepção de liberdade que parecia excluir a raça negra"; ao mesmo tempo que se percebia a construção de vários discursos que definiam a América "como uma força de libertação e de regeneração" (DAVIS, 2001, p. 19-20), sendo assim entendida como uma "nova esperança" para o mundo.

Essa contradição é posta conforme os embates entre escritores e exploradores que comparavam os "males" da Europa — Velho Mundo — às possibilidades de construção de novos hábitos na América, definida como Novo Mundo. Ao trazer tais interpretações, é possível perceber o uso da razão somada à moralidade cristã com a "validade legal e moral da escravidão" (DAVIS, p. 28, 2001). Assim, a questão da escravidão não foi apenas um problema de política pública, envolveu também a filosofia, a religião e a teologia, o que acabou por entremear todos os discursos que surgiram sobre a questão, fossem eles a favor, fossem contra essa instituição.

---

[19] Temos ciência de que as fontes e os pensadores utilizados por Davis acabam dialogando mais diretamente com as realidades de formação colonial britânicas. Ainda assim, essas reflexões nos ajudam a pensar outras múltiplas realidades escravistas atlânticas, como as diferentes regiões do Brasil.

Nesse paradoxo, ao passo que "alguns escritores, sem dúvida, descreviam os indígenas como degenerados inferiores ou filhos do satã, e apresentavam uma imagem oposta da América como deserto insalubre", diametralmente, ao seguir o pensamento hebraico e cristão, era possível perceber essa mesma América como um deserto que, desse segundo ponto de vista, "era um lugar de refúgio e de purificação, de sofrimento e de perseverança" (DAVIS, 2001 p. 21). Assim, Davis aponta que tal contradição pode ser entendida, em linhas gerais,

> Enquanto uma literatura cada vez maior celebrava a América como um símbolo da natureza, livre da avareza, da luxúria e do materialismo da Europa, os fomentadores e colonizadores viam a terra virgem como um lugar para resolver problemas e satisfazer desejos. Essa era a verdade dos conquistadores jesuítas que seguiram Manuel da Nóbrega para o Brasil, determinados a purificar princípios morais e difundir a fé; essa era a verdade dos ingleses puritanos que procuravam construir uma Nova Jerusalém como modelo de piedade para o resto do mundo; essa era a verdade dos nômades e dos vadios, dos falidos e dos sórdidos cavalheiros, que batiam asas para o Novo Mundo como mariposas em direção a lâmpada. Na América, as coisas iam melhorar, pois a América era um refúgio, era a Terra Prometida. (DAVIS, 2001, p. 22).

Outro ponto relevante para a argumentação, colocado por Davis, diz respeito ao fato de que "foi a descoberta da América que deu início ao comércio de escravos transatlântico, que se movia, inicialmente, do oeste para o leste" (DAVIS, 2001, p. 24) e determinou a "invenção da América" (O'GORMAN, 1999 *apud* DAVIS, 2001, p. 23); e, por três séculos, as principais potências do Velho Mundo disputaram "barco a barco" o comércio lucrativo do tráfico de escravizados e ainda lucravam com a exploração de suas forças de trabalho, ao inseri-los no desenvolvimento por meio da exploração das terras americanas.

Contudo, "a escravidão sempre foi mais do que uma instituição econômica; na cultura ocidental, ela representou o mais alto limite da desumanização, do tratamento e da consideração do homem como coisa" (DAVIS, 2001, p. 26). O aspecto de contradição não está permeado apenas na dicotomia entre os proprietários serem os responsáveis pela luta pela libertação, tampouco

> A contradição inerente à escravidão não se encontra em sua crueldade ou em sua exploração econômica, mas na concepção subjacente do homem como uma posse transmissível sem qualquer autonomia de desejo e de consciência a mais do que de um animal doméstico. (DAVIS, 2001, p. 81).

Utilizar-se da estratégia de composição bibliográfica "jogando" com o cenário local, regional, nacional e atlântico/norte-americano justifica-se por estes guardarem íntimas ligações que os uniam e os separavam pelo problema da escravidão e pelos mecanismos pensados e aplicados para sua superação. Como bem explicou Machado:

> [...] uma vez que Brasil e Estados Unidos (juntamente com Cuba) surgiam como as principais potências escravistas do continente entre os anos de 1830 a 1860, estando ligados por uma série de conexões intimas, seja em termos do tráfico de escravos, seja em relação à circulação de ideais e projetos, tanto de senhores de escravos e seus ideólogos a respeito de como preservar a escravidão no continente, como de abolicionistas, que se conectavam em torno de discursos a respeito da abolição. (MACHADO, 2011, p. 10).

Dito isto, da defesa da escravidão à sua crítica no contexto americano, o Brasil vivenciou três séculos dessa instituição; virtualmente sem questionamentos, e os movimentos para a Abolição no Império brasileiro e no mundo atlântico só passaram a ser mais questionados a partir das mudanças político-ideológicos no contexto internacional e, consequentemente, da implementação de leis proibitivas do tráfico. Em consequência a este primeiro movimento, as instituições escravistas começaram a ser questionadas enquanto desígnio divino ou "condição natural" de negros e negras, como foi amplamente defendido em todo esse período em que vigorou a escravidão (COSTA 2010; MAMIGONIAN, 2017). Como aponta a historiadora Emília Viotti da Costa, em sua clássica obra *A Abolição*, por muito tempo "apenas os próprios escravos questionavam a legitimidade da instituição, manifestando seu protesto por meio de fugas e insurreições" (COSTA, 2010, p. 14); e, além de ter suas lutas ignoradas, sofriam violenta repressão por parte das pessoas que controlavam e mantinham a hierarquia social estabelecida.

Para balizar essa perspectiva no âmbito político, conforme o apoio teórico de Costa, as doutrinas que justificavam a instituição escravista foram sendo refutadas, e o que antes era — pelo menos em parte — desígnio divino passou a ser algo entendido como a vontade dos homens, e por isso "transitória e revogável" (COSTA, 2010, p. 14); e fomentou discursos ilustrados com uma perspectiva mais contida e conservadora, mas que apoiavam o fim gradual da escravidão, discursos radicais que defendiam o fim imediato da instituição sem pagamento de alforrias aos fazendeiros e proprietários de cativos urbanos e discursos escravistas que eram totalmente contra o fim da escravidão. Nesse sentido, a partir de fins do século XVIII, começou-se a elaboração das bases teóricas do abolicionismo, com influência nos ideais iluministas apropriados e repensados dos dois lados do Atlântico.

Para compreender esses enlaces, um aspecto crucial é entender que "a ideia de que à escravidão teria sucedido o trabalho livre, alcançado por meio do processo de transição do trabalho escravo ao livre" (GOMES; MACHADO, 2018, p. 21) é antiga e superada, tendo em vista os diversos debates que apontam para os diferentes tipos de lutas pela liberdade, como a atuação jurídica com a implementação de leis que proibiam o tráfico transatlântico de escravizados em 1831 com a Lei Feijó; em 1850 com a Lei Eusébio de Queiroz; a Lei do Ventre Livre em 1871; e a Lei do Sexagenário em 1885, bem como os variados estudos sobre fugas escravas, insurreições e "boicotes" tidos como menos violentos — em caráter de exemplo, a recusa ao casamento por parte de mulheres escravizadas[20]. Assim, o historiador Flávio dos Santos Gomes e a historiadora Maria Helena Pereira Toledo Machado indicam que:

> [...] os estudos mais recentes têm sugerido que, a partir da lei de 1871, tal emaranhado de situações transitórias tornou-se regra, jogando a questão da emancipação para um contexto complexo no qual se enredavam contendas jurídicas intrincadas de questões de jurisprudência, temperadas pelos confrontos entre senhores e escravos nas barras dos tribunais e outras arenas sociais. (GOMES; MACHADO, 2018, p. 21-22).

No que tange às perspectivas já dispostas, o século XIX no Império brasileiro é colocado pela historiadora Célia Maria Marinho de Azevedo (1987), em sua obra "Onda negra, medo branco: o negro no imaginário brasileiro no século XIX", como um momento histórico que demarca dois acontecimentos capitais que influenciaram diretamente a vida escravista: o primeiro diz respeito aos movimentos emancipacionistas vindos do parlamento da Inglaterra, como já destacado, e o segundo provinha do medo que as elites dirigentes[21] estavam sentindo por conta da revolução ocorrida em São Domingos:

> [...] onde os negros não só haviam se rebelado contra a escravidão na última década do século XVIII e proclamado sua independência em 1804, como também – sob a direção de Toussaint l'Ouverture – colocavam em prática os grandes princípios da Revolução Francesa, o que acarretou transtornos fatais para muitos senhores de escravos, suas famílias e propriedades. (AZEVEDO, 1987, p. 35).

---

[20] Ver GRAHAM, Sandra Lauderdale. **Caetana diz não**: histórias de mulheres da sociedade escravista brasileira. Tradução de Pedro Maia Soares. São Paulo: Companhia das Letras, 2005.

[21] Como *elites dirigentes* entendemos, com o aporte teórico de Santos e Faria (2020), as elites que coadunavam o poderio econômico, político e intelectual da época e "formavam um bloco coeso, especialmente no que diz respeito a escolha racial dos então futuros trabalhadores livres brasileiros". Isso não implica, por exemplo, que alguns dos membros de uma das categorias acima citadas fizessem parte de apenas uma categoria, alguns versavam em todas elas, como é o caso de Joaquim Nabuco, que era "filho de latifundiário, político e intelectual" (SANTOS; FARIA, 2020, p. 6).

Colocando em perspectiva geral, o medo apontado por Azevedo e todas as condições de domínio pertencentes às elites contribuíram para a manutenção política e o controle constitucional que fundamentaram um processo mais lento de Abolição, e, diferentemente de outros países na América, o "Brasil iniciou o terceiro quartel do século XIX com um sistema escravista dinâmico e próspero" (DRESCHER, 2011, p. 498). Até por isso, as ações de agência e resistência escrava são pontos cruciais para os fins que a instituição escravista tomou em solo brasileiro, como destaca Drescher: "na metade da década de 1880, o movimento abolicionista teve de crescer de uma província a outra, de um município a outro e de um quarteirão a outro em toda extensão da sociedade civil" (DRESCHER, 2011, p. 521).

Conforme aponta a historiadora Maria Clara Sales Carneiro Sampaio (2018, p. 210): "os percursos de lutas que desembocaram na abolição em diferentes sociedades nas Américas nascem das várias experiências de resistência escrava". E, mesmo tendo sido o último país a abolir a escravidão, esse movimento constituiu luta significativa e essencial na sociedade brasileira, que, agregando-se às discussões da elite intelectual — principalmente a partir da década de 1860 e com grande força na geração de 1870 —, conseguiu fincar o projeto da Abolição sem indenização aos senhores de escravizados. Sem ignorar outras frentes de emancipação, outra esfera que compõe esse cenário vai em direção à via pública, política, a movimentos ideológicos como a Revolução Francesa, o Iluminismo, a Revolução Industrial e as negociações em parlamentos.

Para não perder de vista essas dimensões apontadas, fazemos menção ao verbete "Processos políticos da abolição" da professora Angela Alonso: "a tramitação da abolição no sistema político foi longa e penosa no Brasil" (ALONSO, 2018, p. 358), mas, como já destacado, foi ganhando força a partir da aprovação de leis que balançaram em escala maior a instituição escravista. É importante frisar que a criação e a aprovação de leis para um "fim gradual" da escravidão só foram possíveis, entre outras questões, pelo crescimento exponencial dos ideais liberais e sua exigência por trabalho livre.

Outro fator relevante para a compreensão dessas questões e dos ideais abolicionistas brasileiros foram os movimentos ideológicos que ocorreram no âmbito internacional. Entre esses movimentos, podemos citar a Revolução Francesa e os profundos impactos de seus ideais iluministas, a Revolução Industrial e a "inserção" da classe operária nas discussões sobre relações de trabalho, assim como o abolicionismo britânico e nos Estados Unidos, que forneceram parte das bases intelectuais para esse movimento no Brasil, por isso "o abolicionismo foi, aliás, uma filosofia política articulada pela língua, que mobilizou ações em escala atlântica" (SAMPAIO, 2018, p. 214).

Nesse contexto, os intelectuais brasileiros que defendiam a Abolição imediata reproduziam suas críticas à escravidão, ao tráfico transatlântico e aos preconceitos raciais frequentes em periódicos que circulavam pela sociedade na época. Essa é uma característica que se consolidou na primeira metade do século XIX com atuação de "grupos radicais que se mantiveram combativos em várias regiões do país" (COSTA, 2010, p. 20). Os movimentos abolicionistas da sociedade civil visavam ao fim da escravidão e tiveram seu apogeu entre as décadas de 1860 e 1880[22]. É exatamente nesse período que se desenvolvem as maiores campanhas jornalísticas em prol da libertação dos escravizados e escravizadas. Essas questões demarcadas por esse movimento de grande expressão na segunda metade do século XIX podem ser narradas pelas trajetórias de ativistas políticos nacionais como uma estratégia que "dá rosto à enorme teia de ativismo" (ALONSO, 2015, p. 20) que essa mobilização contra a escravidão gerou no país.

Propício aos objetivos do movimento, este modelo de crítica não perdeu forças na segunda metade do mesmo século, com atuação fervorosa de atores políticos como Luiz Gama, André Rebouças, José do Patrocínio e Joaquim Nabuco, que propagaram,

---

[22] Com a forte estrutura escravista estabelecida durante os três séculos no Império brasileiro, o processo lento da Abolição justificou-se, entre outros aspectos, por conta da grande influência das elites dirigentes nas decisões que se espalhavam pelas províncias e que fez com que este fosse o último das Américas a impor o fim ao trabalho escravo, evidenciando o tamanho da influência e da força que as elites latifundiárias tinham para obter concessões, burlar a legislação que vinha sendo aprovada desde 1831 e conseguir a transição da escravidão para a Abolição de maneira gradual.
Para um apanhado mais geral sobre a emancipação nas Américas, ver: SAMPAIO, 2018.

de maneira mais enfática em jornais, projetos de leis, teatros e movimentações públicas, os ideais de liberdade sem indenização, a queda do imperador Pedro II e da monarquia e uma espécie de "democracia rural"[23] para um mínimo de equidade entre livres e libertos. Diante de tantas demandas e de atuações em diversos setores da sociedade, a historiadora Angela Alonso aponta que:

> Nesse contexto de mudança e crise surgiu o primeiro ciclo de mobilização abolicionista. Entre 1868 e 1871, dissidentes da elite imperial e apadrinhados criaram 25 associações antiescravistas em onze províncias. Os líderes pioneiros, o engenheiro e empresário André Rebouças, o advogado Luiz Gama e o pedagogo Abílio Cesar Borges, criaram estilos de ativismo: ações judiciais de liberdade, lobby junto a autoridades, panfletos e jornais, alianças com abolicionistas estrangeiros e conferências político-artísticas de propaganda. (ALONSO, 2018, p. 359).

Toda essa ebulição social aponta para as diferentes formas pelas quais os atores sociais desse período fizeram o movimento de reação ao regime escravista imposto. Versando entre as "flores"[24] do teatro e espaços públicos, os "votos" e as ações na esfera política e institucional e as "balas" das ações clandestinas, como as fugas organizadas pelos abolicionistas e pelos próprios escravizados, sugere como os diferentes ativismos foram primordiais para a culminância de tal processo. "A abolição não se faria por si, pelo desenvolvimento da economia ou por decisão solitária do sistema político, como não se fez por canetada da princesa" (ALONSO, 2015, p. 20).

Esse emaranhado de relações que versaram nas barras dos tribunais, nas ruas, com a construção de teias sociais que coadunavam as trocas constantes entre escravizados urbanos, homens e mulheres livres e libertos, abolicionistas que utilizavam seus espaços

---

[23] Conceito citado por Angela Alonso em seu verbete "Processos políticos da abolição", encontrado no *Dicionário da escravidão e liberdade*, para apontar um dos pilares da frente de luta abolicionista que André Rebouças defendia: "abolição e pequena propriedade" (ALONSO, 2018, p. 360).

[24] Os termos em aspas contidos nesse parágrafo fazem referência à tese de Angela Alonso, "Flores, votos e balas. O movimento abolicionista brasileiro (1868-88)".

de atuação nas elites locais para negociações em favor da liberdade e as diferentes estratégias para transpor o controle social imposto por meio de legislação e castigos físicos, demarcou aspectos aproximados dos movimentos pela Abolição em solo paraense, bem como em território cearense. Mesmo aproximados, em ambas as sociedades, podemos perceber um caráter mais radical na província cearense, enquanto analisamos um aspecto mais legalista no Grão-Pará, contudo isso não exclui outras formas de ação em ambas.

Diante dos primeiros argumentos apontados, é possível estabelecer que uma das principais ferramentas para a construção e o fortalecimento de movimentos pela Abolição na região Norte, com especial atenção ao Grão-Pará, foram as sociedades/clubes abolicionistas, que conquistaram considerável espaço, especialmente na década de 1880. Como é sabido, os debates formados eram sustentados pelos defensores dos interesses dos proprietários de escravizados e escravizadas, os emancipacionistas e abolicionistas, estes também envoltos em embates particulares, tendo em conta o que Bezerra Neto (2009) definiu como abolicionismo moderado e abolicionismo popular, e, nesta última categoria, engendravam-se os abolicionistas ditos mais radicais e os próprios cativos, que "travaram verdadeiras batalhas em defesa de seus interesses" (NEVES, 2020, p. 247).

Nesse sentido, para Angela Alonso (2011, p. 168) a consolidação dos movimentos abolicionistas no Brasil "nasceu quando se fundaram associações civis em seu nome, as quais passaram a organizar eventos de propaganda da causa". Essa é uma definição colocada de maneira bem simples em relação a essas sociedades e exemplifica sua importância em contexto nacional, bem como no contexto da província paraense, visto que estas foram uma das ferramentas mais eficazes no combate à escravidão no território. Segundo Alonso, o associativismo abolicionista no Brasil apresenta-se desde os anos 40 do século XIX (levando em conta as análises realizadas em periódicos) e cresceu significativamente na década de 80 do mesmo século; não à toa, é o momento de consolidação dessas associações na região amazônica.

Essas sociedades abolicionistas renderam às lutas pela liberdade, entre tantas ferramentas, a criação de fundos para o pagamento de alforrias, propagandas em favor da Abolição por meio de panfletos e jornais e o fortalecimento de fundos sociais para manutenção dos libertos e libertas dentro das províncias em que estes se encontravam quando cativos. A segunda metade do século XIX foi marcada por um recrudescimento de leis que buscavam a resolução da questão servil; mesmo não encontrando maneiras fáceis de lidar com todas as demandas impostas pelos diferentes discursos que circulavam pelas províncias do Império brasileiro, essas associações também se valiam dessa argumentação jurídica para balizar seus ideais. Em 28 de setembro de 1871, foi promulgada a Lei do "Ventre Livre"; em data igual, no ano de 1885, foi promulgada a Lei do "Sexagenário"; até a chegada do ano de 1888 e a assinatura da Lei Áurea e, nesse mister, as discussões estavam sempre pautadas nas arenas jurídica, social e econômica, ganhando grande visibilidade por meio da circulação dessas ideias na imprensa.

O livro *Pontos de historia do Brazil e do Pará*, organizado pelo professor Arthur Viana (1900) em Belém, que pode ser acessado na seção de obras raras da Biblioteca Municipal Arthur Vianna, traz informações sobre a propaganda abolicionista, suas principais fases e sua propaganda no Pará. Como se trata de uma obra oficial escrita pós-Abolição, é possível perceber um tom mais passional na escolha das palavras utilizadas pelo autor. A abertura deste ponto coloca que "o movimento abolicionista no Brazil foi uma das mais bellas manifestações dum povo amante da liberdade, contra esse execravel crime, que se chamou escravidão, e que nos foi legado pela metrópole" (VIANA, 1900, p. 90).

Nesse sentido, para que tais movimentos adquirissem força e popularidade, a imprensa constituiu papel primordial. Nessa época, esta era composta por periódicos, e, como se tratava de uma sociedade com poucos letrados, os jornais ilustrados ganharam força e tornaram-se muito presentes nas décadas de 1850 e 1860, ajudando a divulgar posicionamentos e ideais por meio de gravuras que "eram carregadas de críticas sociais e políticas e traziam ilustrações autoexplicativas" (FRANCISCO, 2011, p. 125). Ao transpor essa realidade para os espaços urbanos, as informações acabavam por circular com mais rapidez, e, mesmo quando não havia ilustrações, as ideias eram amplamente divulgadas. Como aponta a historiadora Renata Ribeiro Francisco, Diferentemente do campo,

> [...] no espaço urbano as informações circulavam com mais velocidade, a dinâmica era favorecida pelo trânsito constante de pessoas. Os escravizados, homens livres pobres e libertos iletrados podiam, pelas facilidades de mobilidade, ir ao encontro das notícias. (FRANCISCO, 2011, p. 127).

Outra característica fundante da imprensa nesse período foi sua capacidade de possuir redações locais, o que não impedia que suas informações circulassem por todo o Império brasileiro, vide a incompatibilidade de delimitar onde as notícias, entendidas como locais, ficassem geograficamente no espaço em que ocorreram. Por essa lógica,

> [...] o cotidiano e questões locais misturavam-se com discussões doutrinárias dos rumos que o Estado e a nação deveriam tomar, ao lado de notícias nacionais, internacionais e interprovíncias. (MARTINS; LUCA, 2013, s/p).

Por esse aspecto, foi possível encontrar excertos de jornais que advinham da corte e das províncias do Sudeste, especialmente em produções da imprensa no Grão-Pará, como é o caso do extrato trazido há pouco sobre uma notícia veiculada no jornal *Gazeta da Tarde*, periódico paulista que ironizava o fato de o Brasil ainda ser um grande reduto escravista e que repercutiu em terras belenenses por estar no jornal *A Republica* (1887).

Dentro da realidade paraense, entre certezas e incertezas, o historiador Luciano Demetrius Barbosa Lima aponta que o primeiro prelo foi fundado em 1º de abril de 1822 sob a alcunha de *O Paraense*, de Alberto Patroni, "cuja tipografia havia sido adquirida em Lisboa" (BARATA, 1973, p. 225 apud LIMA, 2016, p. 251). Inicialmente a imprensa nessa região foi forjada para sustentar a união entre a coroa e a província, e surgiu como um instrumento de prática política; esse cenário era o desenho do "Pará como um 'mundo à parte', onde se tratava um embate entre forças políticas antagônicas, que acabou culminando na Cabanagem, em 1835" (BARROS, 2009, p. 2), e, por ser um instrumento de controle do governo, reprimia manifestações que eram contrárias ao controle do Estado.

Nesse cenário foi fundado, cinco anos mais tarde, em 1840, o jornal *Treze de Maio*, que durou até 1862 e tinha sua "tipografia tocada por dois escravos a serviço do proprietário Honório José dos Santos" (MARTINS; LUCA, 2013, s/p). É importante destacar que a escolha pelo nome desse jornal não foi despretensiosa, vide que na sociedade belenense datas cívicas[25] eram amplamente festejadas e essa "remete ao 13 de maio de 1836 quando os cabanos e seu último presidente, Eduardo Angelim, abandonaram a capital paraense, que ficou em poder das tropas da legalidade" (BEZERRA NETO, 2011a, p. 91), sendo o marco de retorno da ordem legal do território.

Não obstante, com as mudanças nas dinâmicas sociais que foram ocorrendo na província paraense, a imprensa passou a circular com mais liberdade e construiu papel fundamental para a circulação dos ideais emancipacionistas e abolicionistas. A luta antiescravista ocupou vários espaços nas sociedades do Grão-Pará e Ceará; e, desde o fim do ano de 1880, estendendo-se pelos anos seguintes, fundavam-se associações e clubes abolicionistas. Não à toa, estas seguiram por diversas arenas — como os meios artísticos, de jurisprudência, econômico, com especial ênfase nos ideais operários, apoio às fugas — e desenharam os contornos desses embates até a libertação dos cativos e cativas.

> Fundavam-se clubs abolicionistas por toda parte; notaveis tribunos faziam conferencias publicas sobre o assumpto; favorecia-se a fuga de escravos e nas provincias mais interessdas na manutenção do elemento servil, estes fugiam em massa, desorganisando o trabalho.
>
> A imprensa, os litteratos, os oradores, os escriptores adheriram ao movimento e a campanha chegou á phase mais aguda.

---

[25] Para melhor compreensão sobre datas cívicas na sociedade belenense, ver um artigo já antes mencionado, mas que se faz necessário retomar: BEZERRA NETO, 2011a.

> [...] já na villa de Canindé (Ceará), em 1883, por iniciativa particular, tinha sido extincta a escravidão e em toda provoncia conseguiu-se o mesmo resultado em 25 de março de 1884.
>
> A 10 de julho do mesmo anno o Amazonas seguia bello exemplo. (VIANA, 1900, p. 101).

Em linhas gerais, quando voltamos nossas análises para o caso grão-paraense, temos na imprensa uma das principais ferramentas de articulação de movimentos. Houve convocações para reuniões, diversas felicitações pela abolição da escravidão nas províncias vizinhas (o Amazonas e o Ceará) e notícias que chegavam dos mais diversos lugares e se faziam presentes na realidade grão-paraense. Por essa razão, nos capítulos seguintes, buscamos mapear essas notícias que para cá chegaram valendo-nos das diversas menções à figura de Luiz Gonzaga Pinto da Gama, representante de um "abolicionismo turbulento", para usarmos as palavras de seu amigo Lúcio de Mendonça, que se utilizou de mecanismos disponíveis para romper com a escravidão. Conquanto

> [...] jornalista e advogado experiente, Gama usaria de sua veia literária para mudar a chave narrativa e operar uma clivagem conceitual e prática no reposicionamento do abolicionismo em São Paulo, que viria a ter repercussão em todo o país (LIMA, 2021, p. 15).

Assim, nas fontes disponíveis, como veremos a seguir, é possível perceber a dimensão simbólica que este sujeito histórico acabou por construir nas bases dos movimentos abolicionistas. Contudo, nas notícias que chegaram às províncias do Norte, não vemos apenas esta nuance, vide que é possível identificar, pelo menos, três categorias nos periódicos grão-paraenses e cearenses: sua figura enquanto grande abolicionista, sua morte e suas ações como advogado de "causas comuns", que, sabemos, é impossível desassociar de suas causas pela liberdade.

3

LUGARES DISTINTOS, IDEIAS CONVERGENTES: O POTENCIAL SIMBÓLICO DE LUIZ GAMA EM NOTÍCIAS CIRCULANTES NA IMPRENSA GRÃO-PARAENSE

Na sequência de nossas reflexões, este capítulo foi divido em dois momentos analíticos que nos ajudam compreender seu sentido dialógico: em um primeiro momento, demos continuidade à discussão sobre as principais ferramentas que constituíram as bases da Abolição em território grão-paraense, com especial destaque para as associações, os clubes e os grêmios abolicionistas; e, em um segundo momento, mobilizamos todas as notícias encontradas que fazem menção à figura de Luiz Gama associando-o a ideias e instituições que convergiam para a libertação cativa.

É fundamental que se compreenda o principal conceito mobilizado neste capítulo, qual seja, a defesa do *Potencial Simbólico* que acreditamos constituir a figura de Gama, principalmente quando se apontam, nos diversos extratos averiguados, sua importância enquanto o "verdadeiro imperador do Brazil" ou homenagens a sua morte, referenciando-o como grande expoente das causas de liberdade. Dentro dessas análises, é possível notar características convergentes das ideias dessa figura aos movimentos que se constituíram nessa província, bem como sua inegável representação, vide que, mesmo com diversos abolicionistas na província, este ainda tinha espaço no ideário de um clube idealizado para libertação cativa.

Desse modo, ao lidarmos com o conceito de potencial simbólico, estamos nos apropriando de uma discussão realizada pelo historiador Christopher Leslie Brown (2006) no seu livro *Moral capital*.

Brown, ao revisitar as origens do movimento antiescravagista britânico do fim do século XVIII, põe em debate a perspectiva de mudança nos sentimentos e nos valores que movimentavam os ingleses, e que isto acabou por fomentar mudanças de visões do império e da nação na Grã-Bretanha na época, particularmente as ansiedades e os deslocamentos estimulados pela Revolução Americana, o que nos ajuda a refletir sobre os debates pela Abolição para além da questão econômica. O potencial ou capital simbólico aqui mobilizado vai ao encontro da construção de figuras e ideais que podem ser tidos como referências dos movimentos pela Abolição em diferentes cenários das províncias do Império brasileiro.

Para a sequência desta análise, julgamos necessário retomar alguns aspectos já mencionados. No caso grão-paraense de lutas por liberdade, encontramos, nas fontes e referências bibliográficas averiguadas, um impasse de difícil solução, vide que emancipacionistas/abolicionistas moderados buscavam um rompimento gradual para não alterar a estrutura social existente, e "a contragosto admitia o gradualismo na libertação dos escravos porque tinha a vantagem de ir estabelecendo alguma forma de controle social sobre aqueles cativos 'espertos'" (BEZERRA NETO, 2009, p. 376), ao passo que manter-se assim como uma província que apresentava grupos de indivíduos com uma vertente mais popular de abolicionismo não se configurava em uma tarefa fácil.

Para citarmos uma figura que pode representar bem essa vertente mais popular, temos o abolicionista José Agostinho dos Reis (1854-1929), que estava à frente da Liga Operária, e que também circulava por outros espaços do Império (fez-se muito conhecido no Rio de Janeiro), uma das muitas associações abolicionistas que começaram a surgir com mais força a partir de 1883. Segundo o pesquisador Vicente Salles "a causa abolicionista confundia-se com a causa dos trabalhadores" (SALLES, 1992 *apud* BEZERRA NETO, 2009, p. 377). E, diante desse cenário,

> [...] escravos e trabalhadores livres tomando parte da pressão abolicionista não só podiam como se associavam ao abolicionismo e a outras aspirações de reforma social, sendo o próprio abolicionismo

uma escola da vida política marcada pela experiência de luta. (BEZERRA NETO, 2009, p. 377).

Exercendo forte influência no espaço urbano da capital paraense, essas instituições desempenharam papel fundamental para derrocada da escravidão e pavimentaram as diferentes lutas para a libertação dos cativos e cativas demonstrando a vontade de organização por parte desses grupos. Utilizando mais um trecho do livro *Pontos de historia do Brazil e do Pará*, percebemos que:

> Creavam-se clubs abolicionistas e jornaes de propagandas; realisavam-se conferencias publicas e kermesses em prol dos miseros escravos; favorecia se a libertação desses desgraçados por todos os meios: procurava-se emfim pôr termo a essa vergonhosa herança em 1888, a exemplo do Ceará e do Amazonas, quando o parlamento braziliero sentiu-se invadido pela invencivel corrente da opinião publica e o próprio throno teve de ceder a essa pressão para tornar-se popular.
>
> Essa campanha de luz attingiu a sua phase mais aguda no Pará durante o período de 1884 a 1888. (VIANA, 1900, p. 102).

Diante de todos os apontamentos feitos até aqui, acreditamos que uma das maneiras de melhor perceber as nuances das bases desses movimentos abolicionistas é evidenciar que, na realidade paraense, os pontos de maior envergadura sobre a questão servil partem, muito frequentemente, das esferas de Estado e elite; e, para conseguir maior efetividade em suas ações, foi fundamental que sociedades, clubes e grêmios abolicionistas, bem como lojas maçônicas, se valessem das leis existentes e de mecanismos reconhecidos institucionalmente — leia-se, nesse cenário, a imprensa — para a abolição do elemento servil.

É importante destacar que essas características são mais evidentes nos movimentos forjados em território paraense por conta do forte comércio urbano de mão de obra escrava africana e ganharam vasta notabilidade por meio do influente papel da imprensa na divulgação dessas sociedades. O quadro a seguir lista alguns dos principais clubes/associações[26] que se formaram na década de 1880 até a assinatura da Lei Áurea:

Quadro 1 – Sociedades abolicionistas no Grão-Pará

NOME	ANO	PRINCIPAIS CARACTERÍSTICAS
Liga Operária (responsável por outras associações que ganharam força dentro da sociedade paraense)	1883	Era pautada por um sentido classista na tentativa de mobilização do proletariado articulado ao sentimento abolicionista.
Club Artístico Paraense[27]	1883	Criação de fundos para alforria descravizados e escravizadas nos quatro distritos urbanos de Belém.
Sociedade Litteraria Abolicionista	1883	Articulações para a libertação de cativos e cativas.
Club das Amazonas	1883	Composta somente por mulheres e libertando escravizados e escravizadas que possuíam pecúlio de 300$rs.
Sociedade Abolicionista 28 de Setembro	1883	Caráter abolicionista fundada por membros das classes trabalhadoras; como aponta o quadro, não foi a única, mas foi a mais importante sociedade abolicionista da época.
Club Abolicionista dos Patriotas	1884	Libertação de cativos e cativas por todos os meios lícitos e legais.
Quilombo abolicionista de Benevides / Sociedade Libertadora de Benevides	1875 / 1884	Núcleo agrícola com presença massiva de imigrantes vindos da província cearense e primeiro local em território paraense a libertar todos os seus cativos em 30 de junho de 1884, mesmo ano de fundação da sociedade abolicionista.
Club Amazônia	1884	Abolição do elemento servil no Vale do Amazonas.

[26] Para mais informações e aprofundamentos sobre estas e outras sociedades, ver: BEZERRA NETO, José Maia. Quando a Lei dos Sexagenários foi insuficiente: emancipadores, abolicionistas, escravos e o fim da escravidão. In: BEZERRA NETO, 2009.

[27] Sobre essa associação, há um trabalho de conclusão de curso: "Filhos do trabalho, irmãos na beneficência: a sociedade artística paraense, 1867-1874", de Mathias Ferrão Brandão, de 2018.

NOME	ANO	PRINCIPAIS CARACTERÍSTICAS
Liga Redenctora	1888	Último movimento dentro das ruas de Belém para libertação irrestrita de escravizados e escravizadas.

Fonte: a autora (2022)

Sistematizadas no quadro *supra*, essas associações foram responsáveis pelos contornos mais eficientes em relação à libertação cativa. À guisa de conhecimento, a Liga Operária funcionava conforme um elemento classista associado ao desejo de liberdade, e foi responsável por impulsionar várias outras sociedades, clubes e grêmios, mas, no fim de 1883, deixaria de existir e daria espaço ao Clube dos Artistas Nacionais, que era uma espécie de "ala a esquerda" (BEZERRA NETO, 2009, p. 377) do Clube Republicano, iniciado ao fim do Império. O Clube Artístico Paraense tinha como principal característica a arrecadação de fundos para pagamento de alforrias nos distritos urbanos de Belém, enquanto a Sociedade Literária Paraense articulava a liberdade cativa valendo-se de arrecadação de fundos por meio das letras.

A Sociedade Abolicionista 28 de Setembro é a mais conhecida quando estamos lidando com esse aspecto paraense. Dela é possível destacar pontos que são representativos da sociedade grão-paraense, como a utilização de uma data simbólica para chamar atenção para os objetivos que marcaram sua fundação, formada por classes trabalhadoras e que

> [...] se dedicando à redenção dos cativos do município da capital paraense, parecia iniciar sua tarefa de maneira semelhante aos demais grêmios emancipadores e abolicionistas, indenizando os senhores e manumitindo preferencialmente escravas, tal como fizeram no ato de sua instalação libertando Maria; Dorothéa e Raimunda, cada uma por 600$ rs. E Joana, por 700$ rs. (BEZERRA NETO, 2009, p. 389).

Outro clube de grande importância para os movimentos pela Abolição no Vale Amazônico chama-se Club Amazonia, fundado em 1884. Este era responsável direto por propagandas no Grão-Pará e no Amazonas, bem como advogando nas causas pela liberdade. O estatuto do clube direcionava as seguintes demandas:

> O *Club Amazonia* tem por fim apressar e dirigir a abolição do elemento servil no vale do Amazonas:
>
> - 1º - fazendo propaganda activa e energica em favor da abolição;
>
> - 2º - representando aos poderes geraes, provinciaes e municipaes;
>
> - 3º - advogando a causa dos escravisados perante os tribunaes e as autoridades;
>
> - 4º - promovendo manumissões por contractos de locação de serviço;
>
> - 5º - procurando extinguir o trafico inter-provincial e inter-municipal;
>
> - 6º - fiscalisando a applicação do fundo de emancipação;
>
> - 7 º - fazendo executar strictamente a lei 2040 de 28 de setembro de 1871.
>
> II O Club exerce a sua acção:
>
> - no Pará – por meio de uma commissão exexcutiva, commissões paraochiaes nas freguesias do municipio da capital, e comissões municipaes nas cidades e villas do interior;
>
> - no Amazonas – pondo-se de accordo com a *Abolicionista Amazonense* e quaesquer outras que se fundarem na provincia, convidando-as a que adoptem o seo programma, e combinando o esforço commum e reciproco em prol da abolição. (FRANCO, 1896, p. 2).

Diante das informações sintetizadas no quadro e dos demais aspectos que forjaram essas sociedades, podemos estabelecer que suas estruturas estão em consonância com um modelo menos incisivo de busca por liberdade, uma vez que todas se valem de aspectos que não fogem aos toleráveis pelo governo provincial. De qualquer modo, as escolhas por datas simbólicas, ações mais pacíficas, como passeatas e quermesses, o pagamento de alforrias e a constante busca do apoio de autoridades públicas ditam o tom desse primeiro, e mais presente, "braço" da Abolição em solo paraense:

> A escolha por datas solenes e cívicas e religiosas, ou festivas como o ano novo, para dar maior publicidade às suas ações com entrega de cartas de alforrias; o envolvimento de mulheres e o convite à presença de famílias em seus atos públicos para dar maior respeitabilidade às suas ações; a realização de passeatas cívicas dando publicidade da existência da associação abolicionista e manifestando sua oposição à escravidão, com a participação de comissão de esmoleres para a arrecadação de fundos junto ao público participante e, principalmente, junto ao que assistia ao desfile, para pagamento de alforrias; a organização de bazares emancipadores com o mesmo fim, por meio de comissões efetivas quase sempre compostas de mulheres; a realização de conferências públicas ou populares e de meetings para arrecadar fundos e divulgar a causa; a aceitação de sócios correspondentes, honorários e beneméritos de posição política e prestígio social, ou mesmo condição social mais elevada, reconhecendo que a luta contra a escravidão não seria missão que se lutava só; a solicitação e a busca de apoio das autoridades públicas; bem como a de atores e de suas companhias dramáticas muitas vezes envolvidas com a campanha abolicionista, fazendo do tablado dos teatros e salões de festas e saraus espaço para a causa libertadora; e, ainda, a busca de apoio de outras associações libertadoras para juntas unirem suas forças; ou a escolha de localidades ou logradouros da cidade,

> tipo uma rua, para iniciar a emancipação da província ou da capital eram um pouco mais, um pouco menos práticas comuns à diversas associações emancipadoras e abolicionistas, que ainda tinham em comum a necessidade de confecção de estatutos, estandartes e diretorias. (BEZERRA NETO, 2009, p. 389-390).

No caso da Sociedade 28 de Setembro, temos ainda uma característica que a coloca com maior "impacto" no cenário nacional, pois foi a primeira sociedade paraense a adotar estratégias que foram definidas pela Confederação Abolicionista Brasileira, que contava com representantes de várias províncias; e, no caso paraense, o já mencionado José Agostinho dos Reis, com grande reconhecimento na corte brasileira. E ambas as associações também se aproximavam do caso cearense para balizar suas ações, "vendo no exemplo cearense o modelo de campanha que devia ser seguido pelos demais abolicionistas e suas entidades nas demais províncias" (BEZERRA NETO, 2009, p. 390).

No mister de buscas por associações, clubes e grêmios abolicionistas nessa província, encontramos a nossa primeira categoria de notícia que menciona a figura de Luiz Gama, qual seja, a idealização de um clube abolicionista em sua memória. A única menção encontrada sobre o Club Luiz Gama está presente no periódico *Diário de Belém: Folha Política, Noticiosa e Commercial* (PA), que circulou entre 1868 e 1889 na capital, e na edição 216, de 27 de setembro de 1882, destaca a intenção de criação do clube.

Para que destrinchemos a notícia sobre o clube idealizado em 28 de setembro de 1882, precisamos compreender a que figura estamos nos referindo. Nesse sentido, a maneira pela qual analisamos nossas fontes jornalísticas, em nossa pesquisa, vai ao encontro do impacto nacional e ao possível potencial simbólico que acreditamos que Gama acabou por construir por meio de suas diversas arenas de luta e da circulação de seus feitos via imprensa.

Assim, antes de traçar as referências que mapeamos, apresentamos Luiz Gama, ilegalmente escravizado na infância, autodidata, que "perturbou" o sistema político-social em que estava inserido e franqueou espaços que nunca estiveram reservados aos negros, ainda mais àqueles que tinham vindo da experiência do trabalho escravo. "Poeta, jornalista, advogado, Luiz Gonzaga Pinto da Gama (Salvador, 1830 – São Paulo, 1882) é um dos raros intelectuais negros do século XIX, autodidata e o único a ter passado pela experiência da escravidão" (FERREIRA, 2012, p. 1). Para compreender mais profundamente alguns dos enlaces construídos durante sua prodigiosa trajetória, consideramos interessante partir de sua narrativa biográfica, pois, como evidencia a professora e crítica literária Ligia Fonseca Ferreira, utilizando uma expressão do historiador Boris Fausto (1994, p. 19), Luiz Gama tem uma "biografia de novela".

Em 1880, dois anos antes de seu falecimento, Gama escreveu uma carta ao amigo e companheiro nas lutas por liberdade Lúcio de Mendonça, narrando em primeira pessoa sua trajetória de vida. Como Gama, Mendonça era poeta, jornalista, e foi um dos membros fundadores da Academia Brasileira de Letras. Segundo a referida carta, Gama nasceu na cidade de Salvador, Bahia, às 7 horas da manhã do dia 21 de junho de 1830, e, para enfatizar a sua origem, este destaca que seu nascimento aconteceu em um sobrado na freguesia de Sant'Ana. O principal aspecto, segundo nossas análises, de sua escolha narrativa é o destaque que dá a sua mãe, uma africana livre chamada Luiza Mahin, ao passo que aponta que seu pai era um fidalgo português cujo nome, para ele, não merecia ser citado.

Nos trechos iniciais da narrativa, traz alguns aspectos da vida de seus pais que nos permitem compreender uma série de questões acerca de suas origens. Para Fonseca (2008, p. 304), utilizar essas ferramentas de entrelace sobre sua filiação e, em certa medida, silenciamento (quando lidamos com a identidade paterna) facilita o entendimento de uma relação tipicamente brasileira, vide que não era incomum o "casamento (ao menos, simbólico) entre África e Portugal". Para nos manter fiéis a seu relato, com aspectos autobiográficos, trazemos o trecho inicial de sua carta:

> Sou filho natural de uma negra, africana livre, da Costa Mina, (Nagô de Nação) de nome Luíza Mahin, pagã, que sempre recusou o batismo e a doutrina cristã. Minha mãe era baixa de estatura, magra,

> bonita, a cor era de um preto retinto e sem lustro, tinha os dentes alvíssimos como a neve, era muito altiva, geniosa, insofrida e vingativa.
>
> Dava-se ao comércio - era quitandeira, muito laboriosa, e mais de uma vez, na Bahia, foi presa como suspeita de envolver-se em planos de insurreições de escravos, que não tiveram efeito. Era dotada de atividade. Em 1837, depois da Revolução do Dr. Sabino, na Bahia, veio ela ao Rio de Janeiro, e nunca mais voltou.
>
> [...] meu pai, não ouso afirmar que fosse branco, porque tais afirmativas, neste país, constituem grave perigo perante a verdade, no que concerne à melindrosa presunção das cores humanas: era fidalgo e pertencia a uma das principais famílias da Bahia de origem portuguesa. Devo poupar à sua infeliz memória uma injúria dolorosa, e o faço ocultando o seu nome. Ele foi rico; e nesse tempo, muito extremoso para mim: criou-me em seus braços. (GAMA, 1880 apud FERREIRA, 2008, p. 304-305).

Com base nas informações encontradas em sua carta e nas cronologias construídas por Ligia Fonseca Ferreira (GAMA, 2000, 2011) nos livros *Primeiras trovas burlescas*[28] e *Com a palavra, Luiz Gama*, observamos que sua mãe supostamente precisou deixar a Bahia por seu envolvimento na Revolução dos Malês e na Sabinada. Em consequência, Gama foi deixado sob os cuidados de seu pai. Diferentemente do que ele nos conta sobre Luiza Mahin, seu pai era católico e batizou-o na Igreja Matriz do Sacramento em Itaparica aos 8 anos. Por não haver nos arquivos da igreja indicada por ele nenhuma certidão de nascimento que comprovasse seu nome e filiação, Ferreira reflete que "sua verdadeira identidade fica, assim, envolta em certo mistério, por ele cultivado ao ocultar deliberadamente o nome do pai" (GAMA, 2000, p. LXXV).

---

[28] *Primeiras trovas burlescas* foi a única obra literária escrita por Luiz Gama, tendo sua primeira edição publicada em 1859. A edição utilizada neste trabalho foi organizada por Lígia Fonseca Ferreira e foi publicada em 2000 pela Martins Fontes.

Ainda durante sua infância, faz-nos saber que sua mãe supostamente foi para o Rio de Janeiro, e, depois disso, nunca mais se soube notícias dela. Aos cuidados de seu pai, acabou por ser vendido como escravo em 1840, pois, como narra, os hábitos boêmios do pai haviam levado ao acúmulo de dívidas que este esperava quitar com a venda do filho. Depois de vendido, Gama desembarcou no Rio de Janeiro em 1840, de onde seguiu até Santos, na província de São Paulo, e ali relata não ter sido comprado por nenhum senhor de escravos em razão de ser baiano, "ou seja, rebelde" (GAMA, 2000, p. LXXV). Foi, então, levado à cidade de São Paulo como uma espécie de "escória" para Antonio Pereira Cardoso, seu futuro "dono". Como escravo doméstico, Gama precisava lavar, cozinhar, costurar, além de ter aprendido o ofício de sapateiro na casa de seu dono.

Foi de suas experiências e contatos dentro desta casa que Gama começou a construir sua ascensional trajetória na sociedade escravista na qual estava inserido e onde, em circunstâncias adversas, acabou por conquistar algum espaço e notoriedade. Em 1847, ainda escravo e com 17 anos, começou seu processo de letramento, com a ajuda de Antonio Rodrigues do Prado Júnior, um estudante da faculdade de Direito e hóspede na casa de Antonio Pereira Cardoso, onde Gama estava na condição de escravizado; e, ao imergir nesse processo,

> [...] empreendeu uma prodigiosa conquista do saber e da palavra que lhe devolvem a liberdade e constroem o improvável destino de um ex-escravo, no Segundo Reinado: o destino de um homem "letrado" cuja voz se fez ouvir na sua cidade, na sua província e na sua nação. (FERREIRA, 2011, p. 17).

No ano seguinte, Gama foge da casa de Antonio Pereira Cardoso após conseguir provas da ilegitimidade de seu cativeiro, embora a carta a Lúcio de Mendonça e demais escritos deste que possam ser lidos como autobiográficos não nos permitam ter acesso aos detalhes dos documentos comprobatórios. Este, em seguida, alista-se na Guarda Municipal de São Paulo, onde, dois anos depois, torna-se praça do conselheiro[29] Francisco Maria de Sousa Furtado de Mendonça, chefe de polícia e professor da faculdade de Direito[30]. Para Gama, sua relação com Furtado de Mendonça parece compreender o período de transição de sua infância para que passasse a se ver como homem. Dentro dessa dinâmica, ele serviu a Guarda durante seis anos e, nesse período, foi acusado de insubordinação por enfrentar um oficial que o insultara; e sua punição resultou em sua prisão por 39 dias, pondo fim a sua carreira militar, que pode ser considerada um grande marco em sua transição dentro da sociedade.

Em 1856, dois anos após sua saída da Guarda Municipal, foi nomeado amanuense, funcionário de repartição pública que era copista e responsável pelas correspondências da Secretaria de Polícia de São Paulo, onde permaneceu por mais de 12 anos. Nesse cenário começou a construir sua inserção no "mundo das letras" e da elite intelectual da época, composta por homens brancos da alta classe do Império, como José Bonifácio (que se tornaria amigo de Luiz Gama) e Joaquim Nabuco. Esta inserção e primeira "grande manifestação pública de Luiz Gama" é representada pela publicação de seu único livro, o *Primeiras trovas burlescas de Getulino*, publicado em 1859, e foi "um instrumento que deu vazão, dentro do mundo letrado, aos seus primeiros posicionamentos políticos diante das relações raciais que se davam sob a égide da escravidão" (AZEVEDO, 1999, p. 30-31).

Diante de todos os aspectos já expostos, podemos demarcar que Luiz Gama foi uma figura que construiu grande influência e constituiu um espaço de atuação sempre crescente na sociedade paulista, mas fazendo-se conhecido também em outros espaços e regiões. Não à toa, em 1861 publica a segunda edição "correcta e augmentada" de seu livro *Primeiras trovas burlescas* no Rio de

---

[29] Nesta época, ser conselheiro estava ligado a uma hierarquia jurídica na sociedade e esta hierarquia era definida pelo imperador.

[30] A Faculdade de Direito de São Paulo foi fundada em 1827, poucos anos após a Proclamação da Independência do Brasil. A Academia de Direito de São Paulo foi criada "como instituição-chave para o desenvolvimento da Nação. Era pilar fundamental do Império, pois se destinava a formar governantes e administradores públicos capazes de estruturar e conduzir o país recém-emancipado". Essas informações foram retiradas do site da Faculdade de Direito da USP. Disponível em: www.direito.usp.br. Acesso em: 2 fev. 2019.

Janeiro, e dali em diante dedicou-se a mais dois ofícios que foram construídos durante suas experiências enquanto escravizado e, em seguida, servindo como praça da Guarda Nacional e como copista na Secretaria de Polícia, o jornalismo e o Direito. Como esclarece Ferreira:

> No jornalismo, principal meio de "comunicação de massa" no século passado, o autor de PTB encontraria um meio de maior audiência, mais eficaz, portanto para a propagação de suas ideias. [...] como amanuense, até o final dos anos de 1860 encarregava-se da correspondência, de copiar e registrar documentos diversos que transitavam pela secretaria de polícia. Da década de 70 em diante, encontrar-se-ão nos foros da capital e do interior paulista centenas de petições e autos redigidos do punho do ex-escravo que conseguira contornar a falta do diploma de bacharel em Direito, obtendo provisão para advogar, em juízo de primeira instância, notadamente em prol das "causas da liberdade". (GAMA, 2000, p. XXX).

Dedicou-se à imprensa, à maçonaria e ao ofício de rabula[31], que lhe possibilitava defender suas ideias liberais, republicanas e abolicionistas. Como marco fundacional deste novo espaço, fundou com Ângelo Agostini o semanário *Diabo Coxo*, o primeiro jornal ilustrado da cidade de São Paulo. Este acabou por se constituir em ferramenta de crítica ao imperador, à monarquia e ao sistema escravista. Suas atuações em periódicos tornaram-se cada vez mais visíveis, com diversos textos escritos em jornais, como *Cambrião*, *Radical Paulistano*, *Correio Paulistano*, *A Província de São Paulo* e *Gazeta da Tarde*, este último fundado pelo também abolicionista Ferreira de Menezes.

Sua atuação nas lutas contra o sistema político-social vigente não se fez apenas nas sátiras escritas para os jornais; tornou-se conhecido e reconhecido principalmente por sua atividade na esfera jurídica. Para citar apenas um exemplo, em janeiro de 1870, como "advogado

---

[31] Profissional que poderia exercer a jurisdição sem a formação acadêmica em Direito.

provisionado", em que este possuía uma autorização, "uma provisão expedida a pedido do pretendente que o tornava habilitado legalmente para o exercício da profissão" (SANTOS, 2014, p. 42), concorreu para a libertação de 42 escravizados em Jundiaí, aumentando e fixando sua fama como "libertador de escravos" (FERREIRA, 2011, p. 27).

Dentro desse universo, Luiz Gama, e "sua ousada atuação nos tribunais e na imprensa, bem como a participação em sociedades abolicionistas, interferiu nos encaminhamentos da chamada 'questão servil'"; e, ainda, sua maneira incisiva de agir e expor a escravidão e o racismo como pilares daquela sociedade, e refletindo como "ele não abria mão de se reconhecer como homem negro em meios brancos" (ALBUQUERQUE, 2018, p. 329), foi fundamental para tornar sua atuação e luta política ainda mais evidentes e importantes para a constituição do abolicionismo enquanto movimento de agência e protesto negro, e não somente como um movimento de esfera estadista.

No percurso de sua trajetória, Gama foi partícipe em diversos meios que possibilitaram o desenvolvimento de sua carreira intelectual, versou na esfera pública, no meio jurídico, nas esferas da produção literária e editorial. Inserido numa sociedade aristocrática e com um arraigado sistema escravista que vigorava veementemente, Gama foi um exímio crítico e combativo dessas questões. Na condição de escravizado, acabou por tecer relações que lhe permitiram entrever sua liberdade e romper barreiras que, até então, se faziam intransponíveis aos negros. Entremeado numa sociedade monárquica e com um sistema escravista ativo, todos esses enlaces da vida de Gama fazem parte de uma complexa estrutura social no Brasil do século XIX e colocam-no como um representante de um modo inédito, à época, de abolicionismo, que defendia e buscava, por meio de todas as arenas possíveis, a Abolição e a cidadania ampla, geral, irrestrita e com educação para todos e todas.

Diante disso, na primeira passagem da notícia encontrada, é possível estabelecer algumas considerações sobre seus objetivos e alguns dos ideais do clube que coincidiam com a postura de Gama ao tratar da sua loja maçônica, nomeada de América, além de ir ao encontro de uma característica dessa figura que pouco se menciona, qual seja, a questão da liberdade por meio da educação. Faz-se importante enfatizar que a educação enquanto ferramenta social pode ser lida na sociedade paraense tanto como um mecanismo de luta para liberdade quanto, "antes de ser um bem para eles, foi tida como um bem para a pátria, tornar os egressos da escravidão cidadãos uteis, que comporiam a classe operaria da nação"³² (LOBO, 2020, p. 109). Ou seja, temos na educação formal uma via de duas mãos: de um lado, uma ferramenta para alcance da liberdade; de outro lado, um mecanismo para controle social.

Analisada essa primeira vertente do extrato, seguimos para a sequência da notícia que mescla aspectos que podem ser interpretados como referentes à postura de Gama em face das necessidades que eram vistas pelos fundadores como fundamentais em um grêmio abolicionista na capital grão-paraense, bem como traz uma característica bem própria de uma sociedade tipicamente pensada para a libertação de escravizados e escravizadas na área urbana, quando lida com "artistas e operários", o que, como já destacamos, é uma característica forte na sociedade belenense:

> Este florescente gremio... abolicionista iniciou antehontem a discussão do projeto de seus estatutos. Correu animada a sessão, ficando assentado o seguinte:
>
> -O <<Club Luiz Gama>> promoverá pelos meios de seu alcance e de acordo com as disposições vigentes a libertação dos artistas e operários que se acham ainda sob o jogo da escravidão nesta provincia.
>
> -Tomará a seu cargo a educação e o ensino profissional de ingenuos, creando cursos nocturnos para instrução primaria nos quatros districtos da capital, e estabelecendo a aprendisagem de artes e officios por intermedio de pessoal habilitado, podendo fundar, se as circumstancias o permittirem, um lycen de artes e officios com as prerrogativas da lei de 28 de setembro de 1871³³ [...]. (CLUB..., 1882, p. 2).

---
³² Sobre essa temática, ver: BEZERRA NETO, 2021; LOBO, 2020.
³³ Todas as fontes da época estão sendo mantidas com a grafia encontrada.

Pelo excerto, também podemos reparar no grande destaque que a busca por educação encontra na sociedade belenense, bem como notar que este é um lugar muito específico nas ações de Gama enquanto advogado abolicionista. Para que se compreenda este viés, que pode ser visto como uma arena de luta, julgamos necessário ao menos entender o que Gama defendia sobre a questão da educação. Em uma série de textos, encontrados no exemplar *Democracia* (1866-1869), Gama, sob o pseudônimo Afro, como afirma Lima, apontava suas "duas ideias centrais para reformar a educação pública: 'a instrução gratuita e obrigatória e a liberdade de ensino'" (LIMA, 2021, p. 27). Não obstante, essa preocupação com a instrução dos libertos não é o primeiro aspecto que se rememora ao mencionar a figura histórica a qual ele construiu; antes de tudo, menciona-se o famoso "advogado dos escravos", o que, com os excertos do estatuto de fundação do clube que são destrinchados mais adiante, permite-nos compreender suas ideias sobre educação pública de maneira mais evidente.

Antes de darmos continuidade à narrativa sobre a idealização do clube, julgamos necessário apenas jogar luz ao que Gama compreendia como educação para os libertos e libertas. Em artigo intitulado "O coração do povo e o cérebro do Brasil", defendeu a educação, que também figurou, de maneira enfática, entre tantas de suas arenas de luta. Em suas palavras:

> Ao encetar uma discussão que toca o que há de mais sério nos destinos do país, deve-se, pondo de parte todas as considerações de ordem secundaria, ferir o âmago da questão.
>
> Segundo o nosso modo de pensar este é o fim difícil de atingir, e longínquo, sem dúvida, mas para a qual devemos tender nesta grave questão do ensino.
>
> Toda questão tem o seu ideal.
>
> Para nós o ideal da questão do ensino é a instrução gratuita e obrigatória; obrigatória para o primeiro grau somente, gratuita para todos os graus.

> A instrução primária obrigatória é o direito do menino, que é tão sagrado como o do pai, e que se confunde com o do Estado.
>
> Ainda mais, queremos a liberdade de ensino [...]. (GAMA, 1983 *apud* LIMA, 2021, p. 138).

A sequência da narrativa sobre o clube visava trabalhar com o que acabou por se tornar a principal arena de luta de Gama, a jurídica. Ao definir que buscaria nessa legislação vigente o apoio governamental para interromper o tráfico de escravizados, no período de 1882, mais interprovincial que transatlântico, utilizou os diversos extratos de leis para buscar resoluções e construir suas diversas críticas àquela prática. Primeiro, o trecho do estatuto do Club:

> - Solicitará dos poderes legislativos providencias e medidas que possam obstar o desenvolvimento do vergonhoso trafico da carne humana, seja pela proibição da importação de escravos das outras provincias do imperio, seja pela criação de impostos especiais sobre transacções do mesmo trafico. (CLUB..., 1882, p. 2).

A sequência da notícia apontou para outra ferramenta constitutiva dos processos de Abolição em território paraense, qual seja, a formação de fundos para manutenção dos cativos e cativas na capital e o pagamento de alforrias em casos urgentes e que não conseguissem ser resolvidos com bases nas leis. Assim, o Club Luiz Gama pretendia

> - Impedir pelos meios legais a retirada ou sahida dos escravos artistas e operarios para qualquer outra provincia, quando estes tenham de ser para ahi vendidos, constituindo o Club um peculio para esse fim a que será depositado na thesouraria da fazenda para opportuna libertação dos que se acham nessas condições.
>
> - Fará conferencias publicas e organisará sarao--theatraos á modico preço, revertendo o liquido producto em beneficio de um fundo especial de emancipações para os casos urgentes e imprevistos. (CLUB..., 1882, p. 3).

Na toada de concessões de auxílios, o estatuto do Club definiu ainda que:

> Constituido o fundo social, que compor-se-ha das joias, mensalidades, donativos de qualquer especie e dos productos dos bazares, etc., a applicação será feita deste modo:
>
> A cada artista ou operário que possuir um peculio nunca inferior a 500$000, o <<Club Luiz Gama>> proporcionará o auxílio de 300$000 quando o escravo não tenha atingido a idade de 40 annos; no interregno de 40 a 50 annos será o auxilio modificado para 200$000, e quando o escravo seja maior de 50 annos ser-lhe-ha concedido o beneficio de 100$000.
>
> Outras medidas supplementares foram tambem adoptas pelo Club, depois de bem elucidados alguns pontos da economia e boa aplicação dos fundos sociaes. (CLUB..., 1882, p. 2).

Em linhas gerais, foi possível estabelecer que a criação do Club esteve amplamente pautada em ideais que também foram defendidos por Gama, que podemos perceber em seus diversos escritos para a imprensa. Para que se faça saber, a discussão para o estabelecimento do clube aconteceu de maneira "calma e conveniente", como os próprios redatores da notícia informaram, e acabou sendo adiada pelo "adiantado da hora", mas deixando estes quatro primeiros pontos aprovados. E também contou com o apoio fundamental, à época, da imprensa com a circulação da notícia no *Diário de Belém*, que exaltou a atitude e se expressou grato: "a grande ideia da liberdade do trabalho e da qual depende em maior escala o desenvolvimento e progresso de nossas instituições" (CLUB..., 1882, p. 2).

Para além da perspectiva ideológica que muito se assemelha ao ideário/ativismo jurídico de Gama, características mais comuns aos movimentos pela Abolição na província grão-paraense dizem respeito à organização de conferências públicas, ao uso das leis proibitivas do tráfico de escravizados para manter artistas e operários na província, à criação de fundos de emancipação para os casos que não estavam previstos em leis e à concessão de auxílios, bem como se preocupa com a realidade local, entendendo que, como já apontaram Bezerra Neto e Laurindo Junior (2018), Belém naquele momento era a principal praça comercial de escravizados urbanos e operários que seriam contemplados no público-alvo do clube.

Desse modo, o clube idealizado em homenagem a Luiz Gama dá-nos margem para conhecermos inquietações dos idealizadores quanto à instrução dos libertos e libertas, na mesma medida que nos coloca diante da percepção de que a educação como arena de luta por liberdade também foi utilizada na construção de uma ferramenta antiescravista em terras paraenses. Nesse sentido, esse extrato jornalístico nos demonstra, de maneira bem didática, a circulação de ideais convergentes para Abolição, mesmo que venham de lugares distintos, além do que, manifestadamente, foi feito para destacar e homenagear Gama e sua imagem simbólica nesse campo de atuação, vide que as últimas linhas do artigo que explicam o Club destacam que este foi idealizado "<<Pela memoria de LUIZ GAMA honra á imprensa paraense!>>" (CLUB..., 1882, p. 2).

Agora que introduzimos e apresentamos a figura de Gama em nosso debate (que é a nossa principal curiosidade acadêmica, mencionada na introdução deste trabalho), passemos para as outras categorias de notícias que encontramos nos periódicos grão-paraenses a respeito desta figura. É importante explicitar que, por uma escolha analítica, trataremos primeiramente das notícias que se concentram entre 1882 (ano da morte de Gama) e 1883, pois aproximam-se em temática. Nesse mister, ainda no jornal *Diário de Belém*, no mesmo ano de 1882, edição 207, publicada na capital paraense em 16 de setembro, é informado em nota de pesar o falecimento de Gama.

Na estrutura narrativa, podemos perceber o tom simbólico que se construiu para falar sobre sua morte, desde o título da notícia até a maneira como se descreveu tal personagem. Na seção "Correio do dia", narrou-se:

O DIARIO DO GRAM-PARÁ' dá o 8º artigo sob o título – o *Verdadeiro Imperador do Brasil*, publica telegrammas do Sul e da Europa, noticia a morte de Luiz Gama, cidadão ilustre, que conquistou elevada posição social, erguendo-se da obscuridade; e diz algumas palavras sobre o actual ministerio e a câmara. (O DIARIO..., 1882, p. 2, grifos nossos).

Ao utilizar frases como "cidadão ilustre", "conquistou elevada posição social" e "erguendo-se da obscuridade", é possível evidenciar sua ascensional trajetória, e, concordando com a professora e crítica literária Ligia Fonseca Ferreira, utilizando uma expressão do historiador Boris Fausto, destaca-se que Gama tem uma "biografia de novela" (GAMA, 2000, p. XIV). De igual modo, quando voltamos nossos olhares para o título da notícia, percebemos como esta figura é colocada como uma espécie de representação do Império brasileiro, conforme se lê em "o verdadeiro imperador do Brasil", que também nos permite avaliar, por meio das escolhas narrativas dos redatores, que existia uma não concordância com a figura imperial que comandava o país naquele momento e que via em Gama uma pessoa com características e valores capazes de representar o território.

Em nossa sequência de análises das notícias que evocam a figura de Gama em terras grão-paraenses, temos uma advinda da província de São Paulo sobre a "caixa Luiz Gama" para a libertação de escravizados e escravizadas. Este extrato também é encontrado no periódico *Diário de Belém*, no ano de 1883, edição 208. Para nossa análise, segue o trecho tal como foi encontrado:

> Abolicionistas em S. Paulo – aos srs. deputados José Mariano, Severino Ribeiro e Antonio Pinto dirigiu a caixa Luiz Gama, em nome dos abolicionistas de S. Paulo, um telegramma saudando-os pela atitude energica que tomaram na reunião da confederação abolicionista, realizada no theatro D. Pedro II. (ABOLICIONISTAS..., 1883, p. 2).

Em outro fragmento do mesmo jornal, na edição 186, ano de 1883, é possível vê-lo como uma referência até para mencionar outras figuras que também se fizeram importantes na luta pela liberdade cativa em suas respectivas províncias. O jogo narrativo nesse caso se vale do mecanismo de comparação: "era em ... o que foi em". Assim posto:

> Obito importante – o nosso collega do Diario de Pernambuco assim a noticia o fallecimento do distincto advogado dr. Leonardo de Almeida [...]
>
> Leonardo de Almeida era em Pernambuco o que foi Luiz Gama em S. Paulo.
>
> A cor negra de sua epiderme servia apenas para dar realces ás bellas qualidades do seu espirito esmeradamente cultivado. (OBITO..., 1883).

Por esse trecho, podemos aferir duas nuances importantes: a primeira diz respeito à comprovada evocação da memória de Gama enquanto figura representativa de uma classe intelectual que buscava nas leis a libertação cativa; e, para além dessa característica, que se faz cristalina, a segunda refuta a ideia de que homens de cor não podiam ter boas qualidades, para a sociedade em questão. Na esfera pública, tanto Gama (objeto de nossas análises) quanto Almeida, aqui mencionado por ter sido equiparado ao primeiro, rompem barreiras e colocam-se como figuras representativas em seus campos de atuação, e, quando voltamos nossos olhares para as diversas facetas de Gama, destacamos também "um contra-exemplo das crenças pseudo-científicas de seu tempo, segundo as quais os negros não eram capazes de compreender ou produzir as belas coisas do espírito" (FERREIRA, 2011, p. 17).

Nessas duas primeiras categorias de notícias que analisamos sobre Gama em periódicos grão-paraenses, podemos perceber a construção de sua figura enquanto uma espécie de símbolo da luta antiescravista pertencente não apenas à província paulista, como também presente em outros cantos do Império. Defendido como um dos grandes advogados pelas causas da liberdade, um sujeito que inspirou a ideia de um clube que buscava nas artimanhas legais e na educação os mecanismos possíveis para Abolição Geral e irrestrita e também emitia valores que o colocavam como "o verdadeiro imperador do Brasil". Todas essas narrativas circulavam pelo território e nos levam a crer que este, mediante suas ações e escritos, tornou-se conhecido e, consequentemente, uma referência de cunho nacional que ia para além do seu campo de atuação prática.

Contudo, não estamos defendendo que este seja o único nome das bases de um abolicionismo que utilizou os processos legais para liberdade cativa; estamos apenas apontando e defendendo que seu ativismo/ideário jurídico/jornalístico também circulou pelos lados de cá, assim como nossas notícias chegavam pelos lados de lá. Talvez por isso, o livro *A campanha abolicionista*, do intelectual Evandro de Moraes (1924), destaque a notícia de que o movimento pela Abolição já repercutia de maneira geral no Império. Em um banquete na província paulista para discussões sobre as bases da campanha, Moraes (1924, p. 23) informou:

> [...] em um dos brindes, já observava Joaquim Serra que o movimento abolicionista ia tendo repercussão nas províncias do Pará, do Maranhão, do Ceará, de Pernambuco, da Bahia e do Rio Grande do Sul.

Nesse mister, não estamos perdendo de vista a dimensão primária de nossa hipótese, qual seja, alguns dos componentes que constituíram as lutas pela liberdade cativa na província do Grão-Pará. Estamos destacando duas práticas que mais se fizeram eficazes nessa luta: a constituição de associações, clubes e grêmios abolicionistas para articulação na imprensa de campanhas abolicionistas, e a legislação como parte da configuração social grão-paraense para estabelecer a Abolição, e ambas podem ser percebidas, às vezes de maneira mais sutil, outras vezes de maneira direta, nos excertos analisados até aqui.

Na sequência de notícias que evocam sua memória enquanto um grande abolicionista, encontramos um extrato no jornal *O Liberal do Pará: Orgão do Partido Liberal*, edição 126, circulante no dia 6 de junho de 1888, que aponta para homenagens em rememoração à morte de pessoas influentes na sociedade. Assim:

> Em S. Paulo houve no dia 14 um grande cortejo civico que foi ao cemiterio para depositar corôas funebres nos tumulos dos benemeritos abolicionistas Luiz Gama, José Bonifacio, Martim Francisco, Abelardo de Brito e o coronel Pimentel. (EM SÃO PAULO..., 1888, p. 2).

De maneira direta e clara, em 1888 já estava estabelecido em todo território do Império brasileiro a figura de Gama enquanto abolicionista que recebia honrarias públicas, e esse conhecimento e estabelecimento só foi possível por conta da circulação de informações via imprensa, como já evidenciamos.

Partindo para nossa terceira categoria de notícias encontradas em jornais grão-paraenses, encontramos alguns extratos que vão em direção à comprovação de um ponto sempre questionado na vida pública de Gama: sua agenda enquanto advogado em "causas comuns" para obter sustento para si e sua família e, em alguma medida, investir na libertação de escravizados e escravizadas. Por esse motivo, é quase impossível desassociar sua figura abolicionista de sua faceta de advogado de causas não diretamente ligadas à Abolição.

No periódico *A Constituição: Orgão do Partido Conservador*, edição 163, que circulou em 19 de julho de 1877, temos um relato sobre o requerimento de um habeas corpus em favor do major Largacha. De maneira sucinta, trazemos esta menção a ele para destacar a comprovada atividade dele enquanto advogado de "causas comuns" e para salientar que, mesmo não estando ligado a campanhas em prol da abolição sua figura enquanto advogado também circulou pelos lados de cá.

Para enfatizar, segue um trecho da notícia:

> Província de S. Paulo; a policia agita-se e prossegue em averiguações.
>
> Apenas, á bocca pequena, se falla em revelações geraes, continuando o caso a produzir grande sensação.

> Sobre a ordem de habeas-corpus requerida pelo major Lagarcha, diz a mesma folha:
>
> "compareceu hontem (19) perante a Relação, o thesoureiro da alfandega de Santos, sr. Eustachio Lagarcha, preso á requisição do inspector da thesouraria, como responsavel pelo desfalque da alfandega, para assistir á decisão do habeas-corpus que havia requerido, sendo acompanhado por seu advogado Luiz Gama. (INTERIOR, 1877, p. 1).

Como dito, este excerto entra em nossas análises para comprovar que Gama era múltiplo em suas ações e que estas também circulavam entre os periódicos das diferentes províncias. Esse caso se tornou tão emblemático que foi noticiado mais duas vezes no jornal *O Liberal: Orgão do Partido Liberal do Pará*, no ano de 1877, em duas edições, a 151 e a 217, e coloca o nome de Gama em evidência em mais de um órgão da imprensa, vide que suas ações circularam em jornais de comercio, como é o caso do *Diário de Belém*, como também circulou em periódicos de cunho liberal e conservador. Importante destacar que as notícias que mais se aproximam desse símbolo libertário que estamos mobilizando foram encontradas em narrativas que buscavam destacar a importância da Abolição ou, pelo menos, apontavam indícios de que novos caminhos precisavam ser percorridos para que a questão servil se resolvesse.

Ainda memorando a figura de Gama, mas não apenas dele, podemos destacar outro aspecto fundante das bases dos movimentos pela Abolição no Grão-Pará: a ação das lojas maçônicas. Quando destacamos, no percurso da pesquisa, que o entendimento sobre as lojas maçônicas[34] não podia ser tido como campo único para a compreensão dos movimentos pela Abolição no Grão-Pará, diametralmente apontamos que não é possível esquecer sua dimensão contributiva para a teia de elementos que fomentaram a Abolição em terras paraenses[35].

---

[34] Para ampliação dos debates em torno das Lojas Maçônicas, ver as pesquisas da historiadora Renata Ribeiro Francisco.

[35] Importante frisar que, mesmo que não seja foco desta pesquisa, achamos de fundamental importância jogar luz a essa direção por representar uma ferramenta de extrema importância para dissolução da escravidão em terras paraenses.

Ao retornarmos às comparações entre as lojas e as sociedades abolicionistas, podemos perceber que as primeiras ganharam força entre as décadas de 1850 e 1870 e, em território paraense, podem ser consideradas parte de um conjunto de ferramentas que sedimentaram as lutas por liberdade.

Essas lojas antecederam, na província do Grão-Pará, a formação e popularização das associações/clubes abolicionistas, e, mesmo não sendo consideradas iguais enquanto instituições, equiparam-se em ideais. Ao tatear o jornal *O Pelicano* (1872-1873)[36], jornal bissemanário que circulou em Belém, notamos que "foram publicadas com frequência notas registrando a libertação dos escravos promovidas pelas Lojas maçônicas no Pará" (FRANCISCO, 2015, p. 7) e foram observados por entender que, com o referencial teórico da historiadora Renata Ribeiro Francisco, "a sobrevivência social de mulatos dependeu do estabelecimento de apadrinhamentos, que os habilitava a circularem em certos espaços" (FRANCISCO, 2015, p. 1). E, com a entrada da maçonaria no Império brasileiro, esses enlaces ganharam força por meio dessas oficinas[37] em âmbito nacional e também provincial.

No cenário paraense, essas lojas podem ser colocadas como terceiro pilar constitutivo das lutas pela liberdade, como destaca o historiador Elson Luiz Rocha Monteiro:

> O grande momento que marcou a presença da maçonaria paraense no cenário político do Estado, foi durante a campanha abolicionista. As lojas maçônicas e os líderes maçons tiveram intensa participação nessa campanha, estando à frente das diversas organizações emancipacionistas, demonstrando uma influência decisiva nesse processo que foi trabalhado pela maçonaria brasileira como um todo. (MONTEIRO, 2014, p. 82).

E, de modo semelhante, as associações propunham, inicialmente, uma Abolição gradual, mas exigiam maior participação de seus membros. Monteiro ajuda-nos a compreender esses contornos:

---

[36] Todas as edições deste periódico foram encontradas no site da Biblioteca Nacional, na Hemeroteca Digital.

[37] Segundo Ferreira, este substantivo era sinônimo de "loja maçônica" (GAMA, 2020, p. 228).

> A maçonaria, neste início da década de 1870, propunha a extinção gradual da escravidão, ao mesmo tempo em que pressionava os maçons a participarem de forma mais ativa da campanha abolicionista, como uma causa humanitária e beneficente, o que levou muitos maçons e Lojas a terem uma atuação mais ativa no movimento emancipacionista. (MONTEIRO, 2014, p. 83-84).

Nesse contexto, também é possível encontrar na sociabilidade das lojas maçônicas elementos que ajudaram a mobilizar a libertação cativa. Estamos falando de lojas que existiram em todo território nacional, contribuindo substancialmente para a arrecadação de fundos para pagamento de alforrias e que, de maneira semelhante aos clubes, grêmios e associações abolicionistas, fizeram da imprensa seu modo de circulação de ideias e ações. Assim,

> [...] a imprensa maçônica acelerava a campanha emancipacionista divulgando algumas notícias que eram reproduzidas por jornais maçônicos. Estes publicavam a respeito da libertação de escravos ocorrida em Lojas, como as que vemos publicadas no jornal editado pelos maçons paraenses, O Pelicano [...]. (MONTEIRO, 2014, p. 91).

Todo esse "cuidado" e esse gradualismo visto na maçonaria paraense estão ligados à maneira como esta sociedade controlava suas bases sociais. Essa visão gradualista nada se diferia do que já explicamos como abolicionismo moderado e emancipacionismo, muito característico desse território. Afinal, "a maçonaria também desempenhou um papel político. Os maçons eram homens do seu tempo, e como tais, o contexto político da época refletia nos debates maçônicos" (CARNEIRO, 2016, p. 19), e, no cenário do Império brasileiro, também havia "se transformado em espaço de construção da cidadania de mulatos" (FRANCISCO, 2015, p. 5).

Cabe aqui destacar quatro representantes dessas lojas que também são abolicionistas: no caso paraense, o padre Eutiquio Pereira da Rocha; o pernambucano Saldanha Marinho; o baiano Luiz Gama;

e o paulista Antonio Bento[38], este último representante do que ficou conceituado como "abolicionismo radical". Bento foi o fundador e líder da Ordem dos Caifazes e defendia uma Abolição intransigente, sem pagamentos a senhores de escravos e organizando fugas coletivas pelas fazendas de São Paulo.

> É interessante verificar a posição de Antonio Bento, que não só organiza o grupo "Os Caifazes", como funda o jornal A Redenção231, pregando um abolicionismo intransigente e que a abolição dê-se de uma vez só e imediata. Essa posição do maçom Antonio Bento contrasta com a posição da maçonaria, que pregava uma libertação gradual dos escravos, pois tinha sempre a preocupação de que a abolição fosse feita de uma forma que não desestruturasse a produção, o que causaria enormes prejuízos à economia do país. (MONTEIRO, 2014, p. 94-95).

A forma contundente defendida por Bento em muito diverge de todos os contornos que vimos até aqui em relação à sociedade paraense, no entanto não refletir sobre algumas maneiras mais incisivas de atuação pode mostrar-se irresponsável, vide que, menos comum, mas não inexistente, temos acesso a atitudes mais enfáticas de atuação pela libertação de escravizados e escravizadas no Grão-Pará. Nesse sentido, com o argumento apresentado pela historiadora Maria Helena Pereira Toledo Machado, no clássico *O plano e o pânico: os movimentos sociais na década da Abolição*, para uma percepção mais completa e que não esteja somente inserida no escopo de uma "história oficial", é fundamental que se percorram, por "vozes dissonantes, projetos reformistas, ideias radicais sobre o abolicionismo" (MACHADO, 2010, p. 27).

Nessa etapa, nossos esforços vão em direção a essa perspectiva de análise, sem ignorar os debates mais gerais já sedimentados e amplamente reproduzidos quando se trata de estudos sobre Abolição, ainda mais levando em conta que estamos analisando

---

[38] Ver mais em: OTSUKA, Alexandre Ferro. **Antonio Bento**: discurso e prática abolicionista na São Paulo da década de 1880. São Paulo: USP, 2015.

uma sociedade com mecanismos mais conservadores de atuação. Os estudos na perspectiva de agência e resistência escrava, bem como de um abolicionismo mais incisivo e fugindo à lógica estadista, não constituem um eixo novo de análises, mas durante muito tempo majoritariamente foram realizadas pesquisas pela lógica das elites dirigentes e do seu poder de constituição pelo Estado.

> A abolição, via de regra, tem sido nos últimos anos, tratada apenas como um evento produzido pelas elites e para as elites, sem nenhuma participação dos interessados, isto é, escravos, forros e homens livres pobres. No entanto, tal visão simplificadora não resiste a uma análise mais apurada dos documentos históricos. De fato, à revelia da vontade das elites políticas e econômicas, os escravos e os desclassificados em geral participaram ativamente da abolição, muitas vezes desafiando a própria liderança política e a "tranquilidade pública", tão prezadas pelos fazendeiros, políticos e bacharéis do Império. Momento privilegiado da história do Brasil, a década da abolição foi um período fértil em debates, movimentações políticas e projetos reformadores que, em seu conjunto, ensejaram, pela primeira vez, uma difusa vontade política popular de reformas e mudanças estruturais. (MACHADO, 2010, p. 227-228).

No que tange a esse aspecto da resistência escrava em território paraense, podemos mencionar um exemplo que permite perceber o recrudescimento dessa arena de luta em diferentes espaços do Império brasileiro. Trata-se da formação de um território de quilombo na cidade de Benevides, fundado 1875, que, mais tarde, contou também com um caso emblemático de mais de 30 escravizados articulados a dois membros da Sociedade Libertadora de Benevides, fundada em 1884, que lideraram um movimento armado em prol da libertação da escravizada Severa, presa a mando da sua proprietária. A notícia circulou na província paraense por meio do jornal *O Liberal* em abril de 1884 e é narrada assim:

> Aʼs 2 horas da tarde um grupo de escravos, armados, em número superior a 30, capitaneados por dois cidadãos membros da sociedade abolicionista alli existente, dirigiu-se á cadeia e, arrombando as portas da prisão, déra fuga á referida escrava, unica que se achava presa.
>
> Por esta ocasião o subdelegado deu voz de prisão aos chefes dos aggressores, sendo desobedecido, travando-se então um conflicto, do qual sahiram levemente feridas algumas praças[39]. (DESORDENS..., 1884, p. 3).

Outra forma possível de perceber a resistência escrava nesses processos de buscas por liberdade na província do Grão-Pará vai ao encontro do que Bezerra Neto e Laurindo Junior (2018) determinaram como novas formas de escravizados e escravizadas reconstruírem a própria vida, mesmo que em situações adversas. Para eles, o tráfico de escravos entre regiões, municípios e interprovinciais bem como os anúncios de fugas oferecem uma gama privilegiada de informações que ajudam a entender a dinâmica social presente na região amazônica, com especial destaque para a capital da província do Grão-Pará, vide que "nela se formou um importante mercado regional de escravos" (BEZERRA NETO; LAURINDO JUNIOR, 2018, p. 2).

Antes de darmos prosseguimento às análises, faz-se importante sintetizar nossas contribuições até aqui no sentido de procuramos confrontar os abolicionismos da região Norte, em especial aqueles que ganharam mais força no Grão-Pará, em face dos muitos possíveis significados ligados à representação e à memória de Gama. Ressaltamos que, ainda que tenhamos passado por diferentes aspectos das dimensões locais, regionais, nacionais e atlânticas dos abolicionismos no fim do capítulo "Da escravidão aos movimentos pela Abolição: dimensões históricas e historiográficas do 'local' ao transatlântico" e tenhamos evidenciado algumas das questões

---

[39] É importante destacar que se optou por usar a escrita das palavras conforme encontramos no documento com ortografia da época.

específicas das realidades amazônicas, os múltiplos aspectos dos movimentos emancipacionistas em diferentes realidades regionais brasileiras em face do ativismo e do potencial simbólico de Gama carecem de maiores esclarecimentos.

O objetivo ao destrinchar estes aspectos presentes no Grão-Pará é perceber a estrutura constitutiva dos movimentos pela Abolição na região e, com base neles, conseguir apontar, nos trechos de jornais já explorados e nos que ainda serão destrinchados no capítulo a seguir, uma possível circulação de ideias e ações que têm como vetor e/ou símbolo a figura de Gama — aqui não nos referimos à pessoa Luiz Gama, mas à representação de sua figura, que, em parte, tornou-se um vetor e um símbolo das lutas pela liberdade por meio das suas atuações nas tribunas, que não foram efetivamente praticadas nas províncias do Norte, mas circularam via imprensa e colocaram-no como um "dos grandes homens" (MENDONÇA, 1881a, p. 3) que lutaram pela abolição da escravidão e pelo fim da monarquia em todo o território brasileiro.

Nesse mister, fazem-se bastante representativas as nuances percebidas na construção da imagem de Gama nas notícias que aqui chegaram. Mesmo que não se tenha vasto número de fontes, o fato de abolicionistas belenenses terem constituído um lugar de memória[40] em torno da representação de Gama enquanto abolicionista e de essas discussões terem sido veiculadas, de igual modo as notas de pesar e as comparações entre figuras emblemáticas para os movimentos àquela época são sintomáticas, de modo a simbolizar uma vinculação com a sua forma de atuação. E, por assim entender, nosso último capítulo vai ao encontro de mais extratos jornalísticos que mencionam esta figura e seu modus operandi, em uma província que, comprovadamente, foi forte influência para os movimentos de libertação que se constituíram em terras grão-paraenses: a província do Ceará.

---

[40] O conceito de *lugares de memória* é cunhado pelo intelectual Pierre Nora e trata do entrecruzamento entre o respeito ao passado e o sentimento de pertencimento a um dado grupo e figuras que ali se constituem, bem como entre a consciência coletiva e a preocupação com a individualidade e entre a construção de memórias e as identidades. Assim, acreditamos que, diante de nossa problemática, esse é um conceito que nos ajuda a construir parte das bases teóricas justificantes de nossas análises. Ver mais em: NORA, 1993.

Para finalizar as reflexões deste capítulo, destacamos que a análise de fontes maçônicas, e disto introduzimos uma pequena discussão, é apenas uma das possibilidades que se tem de perceber a figura de Gama nos diversos espaços de sociabilização das causas pela liberdade em diferentes territórios, inclusive o grão-paraense. Jogamos luz para que se perceba que estas podem, potencialmente, gerar novos aspectos para futuras pesquisas, contudo, tendo em vista nossos meios de acesso durante o período desta pesquisa, nossos esforços ficaram restritos aos periódicos circulantes nas províncias do Grão-Pará e do Ceará.

4

PARA ALÉM DO GRÃO-PARÁ: A "TURBULÊNCIA" DE LUIZ GAMA EM PERIÓDICOS DA PROVÍNCIA CEARENSE

Como vimos até o presente momento desta análise, buscamos confrontar os abolicionismos da região Norte, em especial aqueles que ganharam mais força no Grão-Pará, em face dos muitos possíveis significados ligados à representação e à memória de Gama. Ressaltamos que, ainda que tenhamos passado por diferentes aspectos das dimensões locais, regionais, nacionais e atlânticas dos abolicionismos no fim do capítulo "Da escravidão aos movimentos pela Abolição: dimensões históricas e historiográficas do 'local' ao transatlântico" e tenhamos evidenciado algumas das questões específicas das realidades amazônicas, os múltiplos aspectos dos movimentos emancipacionistas em diferentes realidades regionais brasileiras, em face do ativismo e do potencial simbólico de Gama, carecem de maiores esclarecimentos.

Deste modo, a mobilização do conceito mencionado anteriormente, em toda a construção narrativa do capítulo "Lugares distintos, ideias convergentes: o potencial simbólico de Luiz Gama em notícias circulantes na imprensa grão-paraense", coloca-nos diante da necessidade de ir para além do caso grão-paraense para perceber este *capital simbólico* que defendemos com base na figura de Gama. Como é sabido, a província cearense é considerada a principal fonte de influência dos movimentos pela Abolição em âmbito regional, como também em âmbito nacional. Acreditamos que é muito difícil falar sobre abolicionismo sem mencionar a representação de Gama, bem como não podemos falar deste movimento sem voltarmos nossos olhares para a Amazônia e, consequentemente, como forte influenciadora de tais debates, sem jogar luz ao caso cearense.

Desse modo, o caso cearense entra em destaque em quase toda a bibliografia do período por ter sido pioneiro na abolição do elemento servil no Império brasileiro. Não muito diferente em ferramentas do que temos visto nas bases do caso paraense, o Ceará fez-se grande referência por ser uma província que adotou mecanismos mais radicais para a abolição do elemento servil, o que não inviabilizou ações legalistas, formação de clubes e associações abolicionistas e o uso da imprensa para circulação de todos esses mecanismos.

Nesse sentido, julgamos importante associar nossas análises à província paraense, justificando-se por uma dupla motivação: por si só, ser um exemplo para as demais províncias, seja destacando sua importância, seja a percebendo como um exemplo a não ser seguido por sua "rebeldia"; e por ser um território com comprovada circulação de pessoas, ideias e ações que dialogavam com as bases que formaram os movimentos pela Abolição no Grão-Pará, com a migração e a imprensa. Como explica o historiador Francisco Paulo de Oliveira Mesquita:

> Uma vez que essa invenção (a imprensa) possibilitou a legitimação das letras, como um universo simbólico capaz de influir na sociedade, afirmando as lutas e as disputas pelo exercício de poder e capital simbólico nesse campo (BOURDIEU, 1998), permitindo ao historiador das ideias, acompanhar os projetos, os embates e as paixões gestadas durante o movimento abolicionista brasileiro. (MESQUITA, 2019, p. 2).

Contudo, é preciso enfatizar que, mesmo com comprovada influência, temos na província cearense um abolicionismo que se desponta radical em sua condução (pelo menos em parte significativa de suas ações), mesmo com ferramentas iguais às grão-paraenses. A fundação da Sociedade Cearense Libertadora, "a mais atuante sociedade abolicionista do Ceará" (FREIRE, 2018, p. 1) e, em seguida, seu apoio à greve dos Jangadeiros, que foi fundamental para a abolição do elemento servil, em 25 de março de 1884, marcam diferença fundamental entre as posturas adotadas entre esta província e a paraense, visto que em nossas análises a capital paraense encontra traços mais amenos (em quase toda a estrutura) na busca pela Abolição. Como aponta a historiadora Camila de Sousa Freire:

> A Sociedade Cearense Libertadora tinha uma atuação vista como radical por seus contemporâneos, por seus membros facilitarem fugas de escravos, por terem ajudado na greve que aconteceu no porto de Fortaleza, conhecida como greve dos jangadeiros, além de ter desafiado a polícia com panfletos e pela própria linguagem utilizada no jornal. (FREIRE, 2018, p. 1).

Ainda segundo Freire:

> Suas características mais radicais ficariam mais definidas após a greve dos jangadeiros, como ficou conhecida a paralisação ocorrida no porto de Fortaleza nos dias 27, 30 e 31 de janeiro de 1881, e mais tarde em 30 de agosto do mesmo ano. A paralisação se tornou um marco na história do Ceará e foi organizada pela Sociedade Cearense Libertadora juntamente com os jangadeiros, que eram responsáveis por levarem os escravos dos navios até a praia, e vice-versa. Nestes dias, os jangadeiros se recusaram a embarcar os escravos que seriam transportados para outras províncias e, junto com a multidão que se encontrava na praia, gritaram: "No porto do Ceará não se embarca mais escravos!"; frase que se tornou emblemática do movimento. Naquele momento, o Ceará ainda vendia escravos para outras províncias, prática fomentada pela seca de 1877, quando os fazendeiros, perdendo suas colheitas e seu gado, viram no escravo uma verdadeira moeda de troca. Era justamente essa prática que os abolicionistas buscariam evitar, atingindo assim a escravidão em seu ponto mais importante. Naquele momento os abolicionistas aproveitaram para facilitar a fuga dos escravos que não foram embarcados. (FREIRE, 2018, p. 2).

Feito este apontamento fundamental, o aspecto escolhido para nossa análise são os mecanismos de libertação que podem ser percebidos nas narrativas dos periódicos que circulavam à época e que se assemelham aos principais notados na província do Grão-Pará e, de igual modo, mencionam a figura de Luiz Gama. Nesse sentido, temos, na formação e atuação das sociedades abolicionistas, pontos de convergência que compõem a argumentação sobre circulação e troca de ideais para constituição dos movimentos para Abolição ao Norte. Neste capítulo, nossos esforços vão em direção à associação de notícias veiculadas em periódicos de grande circulação na capital cearense que coadunem aspectos dos movimentos pela libertação cativa a menções à figura/representação de Gama como uma figura simbólica que chega a províncias que não são seu campo prático de atuação.

Com base no conhecimento e entendimento de que os movimentos de emancipação e Abolição na região amazônica, principalmente na província do Grão-Pará, sofreram fortes influências de movimentos advindos das províncias do Ceará e do Amazonas, que declararam liberdade aos escravizados e escravizadas em seus territórios antes da declaração de libertação em territórios paraenses e em outros lugares do Brasil, como destacou Cravo (2014), podemos perceber que

> [...] o movimento abolicionista cearense deu novo ânimo aos abolicionistas do Pará com tendências menos legalistas, geralmente ligados à redação do *Diário de Notícias*, sentindo assim a necessidade de seguir o modelo da província vizinha [...]. (CRAVO, 2014, p. 23).

E, com base nesse argumento, fizemos um pequeno mapeamento dos jornais cearenses nos anos de 1870, 1881, 1882, 1888 e 1890 disponíveis na Hemeroteca Digital que fizeram menções à figura de Luiz Gama.

Como fio condutor, baseamo-nos nessa comprovada influência e conseguimos observar diversas menções a Gama e à luta pela Abolição em diferentes periódicos cearenses no período citado anteriormente. Os jornais mapeados que circulavam na província cearense foram *O Cearense* (entre 1871-1889), a *Gazeta do Norte* (1880-1890), *A Constituição* (1882), o *Jornal da Fortaleza: Folha Política, Commercial e Noticiosa: Sustenta as Ideias Liberais* (1870), o *Libertador* (1887 e 1890) e *Pedro II: Orgão Conservador* (1888), onde foi possível encontrar menções ao nascimento e à carreira de Gama, a ele enquanto sócio de uma *Sociedade redemptora* junto a Joaquim Nabuco e outros abolicionistas, a repercussão sobre sua morte e, em boa parte dessas referências, sua dimensão enquanto um "símbolo heroico" das causas pela liberdade.

Nesse sentido, tomamos a decisão de averiguar algumas dessas citações a fim de buscar as possíveis dimensões de circulação e referências nacionais apontadas, considerando uma província que foi influência direta aos movimentos pela libertação no Grão-Pará. O jornal *O Cearense* (1846-1890)[41] trouxe, em sua coluna sobre literatura publicada em 16 de março de 1881, um artigo escrito por Lúcio de Mendonça intitulado "Luiz Gama" e que traz aspectos biográficos dessa figura; além disso, ajuda-nos a perceber que adjetivos foram utilizados na construção da narrativa, permitindo a compreensão de como se constituiu a representação deste em províncias que não eram efetivamente atingidas por seus feitos. Assim, Mendonça inicia seus apontamentos:

> Os republicanos brasileiros, a toda hora abocanhados pela recordação injuriosa de meia duzia de apostasias, das que negrejam na chronica de todos os partidos, se quizessem com um nome só, que é um alto exemplo de honrada perseverança, tapar a bocca aos detractores, podiam lançar-lhes o bello e o puro nome que côroa esta pagina. Quantos outros eguaes offerecem porventura, desde o começo de sua existencia, os nosso velhos partidos mornachicos?

---

[41] "Em 4 de outubro de 1846 surge o jornal O Cearense, órgão do Partido Liberal, fundado por Frederico Augusto Pamplona (Frederico Pamplona), Tristão Araripe e Tomás Pompeu. Encerrou suas atividades em 1892, quando caiu o governo Clarindo de Queirós". Informação retirada de: http://webcache.googleusercontent.com/search?q=cache:4PXQ7nktjTIJ:portal.ceara.pro.br/index.php%3Foption%3Dcom_content%26view%3Darticle%26id%3D3130%26catid%3D297%26Itemid%3D101+&cd=1&hl=pt-BR&ct=clnk&gl=br. Acesso em: 26 jun. 2022.

> Faz-se em duas palavras o elogio d'este homem verdadeiramente grande, grande n'este tempo em que só o podem ser os amigos da humanidade; nascido e criado escravo até á primeira juventude, tem depois alcançado a liberdade a mais de quinhentos escravos! (MENDONÇA, 1881a, p. 3).

Nos primeiros trechos do extrato jornalístico, já é possível perceber a maneira como Mendonça enxergava e, consequentemente, definia Luiz Gama. Adjetivos como "homem verdadeiramente grande" e a afirmação de que este libertara mais de 500 escravizados o colocavam como figura representativa de um movimento de libertação de cativos e cativas que ganhava força nos jures, tribunas e imprensa. Ao prosseguir com sua narrativa, podemos conhecer alguns aspectos do nascimento e filiação de Gama que o próprio cedeu a Mendonça; e, para nos mantermos fiéis à escrita do artigo, colocamos a seguir o trecho:

> Nasceu Luiz Gonzaga Pinto da Gama na cidade de S. Salvador da Bahia, á rua do Bangla, em 21 de junho de 1830, pelas 7 horas da manhã; e foi baptisado, oito annos depois, na igreja matriz do Sacramento, da cidade de Itaparica.
>
> E' filho natural de uma negra, africana livre da costa de Mina, pagã: recusou esta sempre baptisar-se e de modo algum converter-se ao christianismo. Era mulher baixa de estatura, magra, bonita, de um preto retincto e sem lustro; tinha os dentes alvissimos; era imperiosa, de genio violento, insofrida e vingativa; de
>
> ... olhos negros, altivos,
>
> .... No gesto grave e sombria [...] (MENDONÇA, 2011, p. 263).[42]

E, para Mendonça:

---

[42] Essa narrativa também pode ser acessada no livro *Com a palavra, Luiz Gama*, organizado pela professora, crítica literária e a principal pesquisadora sobre Gama Dr.ª Ligia Fonseca Ferreira (2011).

> Vê-se que é hereditario[43] em Luiz Gama o profundo sentimento de insurreição e liberdade. Abençoado sejas, nobre ventre que africano, que deste ao mundo um filho predestinado, em quem a transfundiste, com o teu sangue selvagem, a energia indomita que havia de libertar centenas de captivos! (MENDONÇA, 2011, p. 264).

Valendo-nos de trechos com essas abordagens, podemos mapear de maneira sútil os modus operandi de Gama por leituras feitas por quem tinha conhecimentos de seus feitos em relatos que circulavam na imprensa pelas províncias do Norte, bem como é possível perceber que a carta enviada por Gama a Mendonça circulou pela província cearense por intermédio do amigo. Da segunda e última parte da biografia escrita por Lúcio de Mendonça e publicada na capital da província cearense em 22 de maio de 1881, é possível extrair outras nuances que vão ao encontro dessa figura representante de um abolicionismo que se fez nas tribunas, nas letras e na imprensa. Para ele:

> A turbulencia de Luiz Gama consistia em ser liberal exaltado e militante, promover pelos meios judiciaes a liberdade de pessoas livres reduzidas a criminoso captiveiro, e auxiliar alforrias de escravos, na medida de suas posses, e, as vezes, alem dellas, na medida de sua dedicação a causa santa dos opprimidos. (MENDONÇA, 1881a, p. 57).

Em outro trecho desse mesmo artigo que foi publicado em 1881 (Gama ainda estava vivo), Mendonça detalhou como Gama era visto pela sociedade paulista, reforçando sua atuação sempre contundente conforme as ferramentas que lhe eram possíveis. Importante frisar que as tribunas e a imprensa não eram espaços feitos para negros, ainda mais os advindos da condição de escravizado. Isso explica o porquê de:

> Por esse tempo, ou aproximadamente, fazia Luiz Gama a todo transe a propaganda abolicionista; a sua advocacia era o terror dos senhores de escravos.

---

[43] O livro *Um defeito de cor*, da autora Ana Maria Monteiro, ajuda-nos a compreender a dimensão simbólica e aura de guerreira que constrói a imagem de Luiza Mahin, mãe de Luiz Gama.

> Sei que teve a cabeça posta a prêmio por fazendeiros de S. Paulo, e tempo houve em que não poderia ir da capital a Campinas sem risco de vida. (COSTA, 2018, p. 126).

Mesmo que em tom hiperbólico, quase que apaixonado, é pertinente perceber a escolha das palavras para narrar e, consequentemente, fazê-lo conhecido em um periódico que acabou por circular principalmente na província cearense. Lúcio de Mendonça buscou destacar aspectos da atuação libertária de Gama, que também se aproximava de algumas das arenas de lutas na capital cearense e na paraense, qual seja, a busca pela Abolição, que envolvia desde atividades assistenciais aos cativos, como suas diversas defesas gratuitas, passando por todo um sistema de obtenção de alforrias por meio de ações de liberdade e de mecanismos como a compra, até chegar aos enfrentamentos mais declarados ao sistema.

Para que se perceba esse tom mencionado, com as palavras do seu amigo que por muito tempo mediou a principal narrativa que existia dele:

> Não era já um homem, era um principio que faltava... digo mal: não era um principio, era uma paixão absoluta: era a paixão da igualdade que rugia! [...]
>
> Ahi está, em meia duzia de pallidos traços o perfil do grande homem que se chama Luiz Gama.
>
> Filho de uma provincia que com rasão ou sem ella não é sympathica aos brasileiros do sul: emancipador tenaz, violento inconciliavel n'uma provincia inundada de escravos: sem outra familia a não ser a que, constituio por si; sem outros elementos que não o seu forte caracter e o seu grande talento atirado só a todas as vicissitudes do destino, ignorante, pobre, perseguido, vendido como escravo por seu proprio pai, engeitado pelos proprios compradores de negros.
>
> Luiz Gama é hoje em S. Paulo um advogado de muito credito e um cidadão estimadissimo. E' mais do que isso: é um nome que se ufana, a democracia brazileira.

> O seu passado é, como se vio dos mais interessantes: o seu futuro, se se der em vida sua o grande momento politico desta terra, ha de ter-se sem a menor duvida o vaticinio – nas laudas da nossa historia.
>
> Seja como for e ainda que mais não faça, é já um nome que merece um lugar na gratidão humana, entre Spartacus e John Brown.
>
> Lúcio de Mendonça[44]. (MENDONÇA, 1881, p. 144).

Nesses primeiros trechos, podemos perceber que Mendonça, por meio de suas escolhas narrativas, construiu uma imagem imponente e símbolo de um movimento sempre crescente na sociedade brasileira de norte a sul. Isso implica, a nosso ver, a transferência de uma memória individual para uma narrativa que circulava interprovincialmente, e possivelmente fomentou uma memória coletiva que apontava para a transformação de uma figura local para um símbolo de luta antiescravista de âmbito nacional.

Ainda nessa toada, encontramos em outra edição do jornal *O Cearense*, também em 1881, um poema em homenagem a Gama, baseado em uma característica que não é comumente falada quando se dirige a ele — um chapéu branco —; e, por fim, Valentim Magalhães[45], autor do poema, usa-o para realizar metáforas para ecoar suplícios pela Abolição. Para nos mantermos fiéis ao relato, segue o poema:

> Luiz Gama, o homem mais popular de S. Paulo, uza um sympathico chapéu branco tão popular como ele.
>
> A esse castor symbolico, fez o galante poeta Valentim Magalhães as seguintes quadras bellissimas, que publicou em folhetim na 'omeaia':

---

[44] Entre os trabalhos produzidos pela professora e crítica literária Ligia Fonseca Ferreira (2011), encontra-se o livro *Com a palavra, Luiz Gama*, que reproduz a biografia de Gama por meio da carta que este enviou a Lúcio de Mendonça, autor da biografia encontrada no jornal cearense em 1881, aqui reproduzida.

[45] "Valentim Magalhães (Antônio Valentim da Costa Magalhães), jornalista, contista, romancista e poeta, nasceu no Rio de Janeiro, RJ, em 16 de janeiro de 1859 e faleceu, na mesma cidade, em 17 de maio de 1903". Informação retirada de: https://www.academia.org.br/academicos/valentim-magalhaes. Acesso em: 8 out. 2022.

Branco, festivo, talhado
Pelo molde de Pariz,
Vai brandamente incluinado
Sobre a fronte do Luiz:

E é de um contraste picante
Aquelle branco impolluto
Coroando triumphante
Um largo frontal ... << de luto >>.

E lá vai pelas calçadas
A passear a alegria;
Espalhando barretadas
Ao << até logo >> e << bom dia! >>

Tem um pello branco e fino
Aquelle nobre castor,
Sob o qual, de Getulino
Ferve o pléctro vingador,

Tem uma candida graça,
Um ar de nobre altivez,
Como um fidalgo de raça
Fumando um bello havanez.

E' um chapéu propaganda,
Um chapéu-revolução,
Que préga, posto banda,
Republicano sermão.

Que mudamente proclama:
Sou o chapéu democrata
Que a cabeça de Luiz Gama
Das intemperies recata;

Sou um castor democrático
Respeitai-me! Fazei alas!
Meu poderio sympathico
Vai dos salões às senzalas.

> Sou da triste escravatura
> O esperançoso pendão:
> }A liberdade futura:
> - O castor – Abolição [...]
>
> E' a flór dos democratas,
> E' o <<Canudo>> ... do Braz.
> Terror dos escravocratas,
> Vandôme dos ideaes.
> }(MAGALHÃES, 1881, p. 2-3).

Nesses trechos é possível apontar para aspectos que vão ao encontro da figura de Gama enquanto um "terror dos escravocratas", e não apenas isso: também é possível vê-lo em mais de uma faceta, qual seja, a de poeta evocada por Magalhães ao mencionar seu pseudônimo Getulino. E esta referência vai ao encontro da primeira "grande manifestação pública de Luiz Gama" (AZEVEDO, 1999, p. 30), representada pela publicação de seu único livro, o *Primeiras trovas burlescas de Getulino*[46], publicado em 1859, que foi "um instrumento que deu vazão, dentro do mundo letrado, aos seus primeiros posicionamentos políticos diante das relações raciais que se davam sob a égide da escravidão" (AZEVEDO, 1999, p. 31). Um outro ponto passível de reflexão é o trecho em que se destaca o seu "poderio sympathico", que "vai dos salões as senzalas", e permite-nos inferir que este, além de ter advindo da experiência escrava, transitava em todas as esferas da sociedade para alcançar seus objetivos de liberdade geral e irrestrita.

Diante dos excertos jornalísticos abordados até aqui (não apenas na província cearense, como na paraense), podemos demarcar que Luiz Gama foi uma figura que construiu grande influência e constituiu um espaço de atuação sempre crescente na sociedade paulista, mas fazendo-se conhecido também em outros espaços e territórios. No percurso de sua trajetória, Gama foi partícipe em diversos meios que possibilitaram o desenvolvimento de sua carreira intelectual,

---

[46] Esta primeira edição foi dedicada "A seu protetor e amigo o Ilmo. e Exm. Sr. Desembargador Dr. F. M. S. Furtado de Mendonça". Furtado de Mendonça foi o grande ajudador de Gama na esfera jurídica e literária.

versou na esfera pública, no meio jurídico, nas esferas da produção literária e editorial, vide as informações retiradas do poema de Valentim Magalhães. Inserido numa sociedade aristocrática de arraigado sistema escravista, que vigorava veementemente, Gama foi um exímio crítico e combativo dessas questões. Na condição de escravizado, acabou por tecer relações que lhe permitiram entrever sua liberdade e romper barreiras que, até então, se faziam intransponíveis aos negros, e com isso acabou se tornando uma espécie de símbolo nas lutas pela Abolição.

Na toada de notícias que destacam as diversas ações por liberdade e, nesse mister, ajudam a comprovar o seu viés combativo, achamos um extrato veiculado no *Jornal da Fortaleza: Folha Politica, Commercial e Noticiosa: Sustenta as Ideias Liberaes*, em 12 março de 1870, tendo como redator principal o bacharel Benvindo Gurgel do Amaral, uma ação impetrada por Luiz Gama para libertar seis escravizados, valendo-se também de recursos da loja maçônica América. Lê-se:

> Recebemos folhas da capital e de Santos até 20 corrente. O Correio Paulistano de 15 corrente noticia o seguinte:
>
> <<foram manumettidos em sua liberdade, por sentença do meritissimo Sr. Juiz municipal desta cidade, a parda Helena e seus cinco filhos menores, Alfredo, Elias, Laura, Adelaide e Florisa, que pertenciam ao expolio do negociante prussiano Jacob Michelis, ha poucos dias finado, e como taes haviam sido arrolados pelo juízo de ausentes:
>
> << A manumissão foi requerida e ventilada em juízo pelo Sr. Luiz Gama, que como outras pessoas acha-se commissionado pela loja maçonica America de proteger perante os tribunaes causas daquela ordem.
>
> << E' mais um titulo que realça os nobres e ferventes esforços daquella officina no caminho da caridade e philantrophia>>. (S. PAULO, 1870).

Para além da menção direta à manumissão requerida por ele em favor dos escravizados, é possível destacar mais um aspecto que já foi mencionado como uma arena de luta por liberdade nas províncias aqui averiguadas, a forte ação das lojas maçônicas. Apenas a título de conhecimento, a Loja América, fundada por Gama em 1868, tinha princípio fundante as ações de liberdade, como é possível inferir no trecho *supra*, além da ampla defesa de Gama e da loja a uma instrução primária gratuita e obrigatória para todas as faixas etárias.

> A Loja América, instalada em novembro de 1868, além de rigorosa observância das obrigações maçônicas, conforme aos Estatutos Gerais da Ordem e Rito Escocês Antigo e Aceito resolveu trabalhar no intuito de promover a propagação da instrução primária e a emancipação dos escravos pelos meios legais (GAMA, 2020, p. 221).

Assim, encontramos nas fontes já analisadas evidências de, além da circulação de informações e ideias entre as províncias, mecanismos que se aproximam nas lutas pela Abolição nos diferentes espaços do Império brasileiro. Nosso exercício analítico não é transpor ideais de um lado para outro, mas sim perceber essas aproximações por meio das notícias que circulavam pelas folhas da imprensa na segunda metade do século XIX. Assim, temos uma outra categoria de notícia que também foi vista nos jornais circulantes pelo Grão-Pará, qual seja, a figura de Gama sendo usada como referência para causas da liberdade.

No trecho a seguir, perceberemos que, como já enfatizado em outros momentos desta pesquisa, ele não é tido enquanto único símbolo de tal luta, mas figurava sempre entre os exemplos e símbolos que os movimentos abolicionistas interprovinciais buscavam ao referenciarem perseguições sofridas e os mecanismos de ação. Como é possível perceber na notícia veiculada no periódico *Pedro II: Orgão Conservador*, edição 41, do dia 27 de maio de 1888, que, além de usar a figura de Gama como comparação, evidencia mais uma de suas facetas, a de republicano:

Ouçamos finalmente a *Cidade do Rio* julgando os republicanos do *Paz*. Fala o Sr. José do Patrocinio:

<< E' muito longa, tem diversos episodios, cada qual mais deshonroso para o partido republicano, a historia da dissidencia abolicionista contra essa massa de interesses inconfessaveis, acobertada pela mais sagrada das bandeiras – a da Republica.

<< Não quero narral-a, mas não hesitarei, se continuarem as provocações insensatas. Não pouparei ninguém. Com os documentos na mão, hei de desmascarar os embusteiros da democracia, que pregavam a liberdade, a igualdade e a fraternidade nas praças e na imprensa, e em casa surravam os irmãos mantidos no mais triste captiveiro.

<< A propaganda em prol dos captivos fez-se inteiramente fora do partido republicano, como de todos os outros.

[...]

<< Não é o primeiro, como eu, que soffre guerra d'este partido composto, pela maior parte, de bacharéis vadios e de gente que ou devia ir para as galés cumprir penas da lei de 1831, ou para as colônias correcionais que seriam creadas pelo governo da *Gazeta Nacional*.

<< O que estão fazendo commigo, é o mesmo que fizeram com *Luiz Gama* e Ferreira de Menezes. ([EDITORIAL], 1888, p. 1).

Diante desses trechos, é possível inferir o *potencial simbólico* que a figura de Gama adquiriu durante suas diversas frentes de luta, como também é perceptível que este foi colocado como exemplo e referência, o que, segundo o historiador Luiz Felipe de Alencastro, não foge à sua essência: "armado com a convicção dos justos, Gama faz flecha com qualquer vareta. Usando sólida legislação e, às vezes, a eloquência simbólica" (ALENCASTRO, 2020, p. 19).

É possível perceber que sua audiência se ampliou aos mais diversos espaços de atuação, e nessas inúmeras facetas de que, vez ou outra, falamos podemos também pontuar sua veia republicana. Ferreira coloca que:

> [...] dentre algumas de suas facetas desconhecidas, destacamos aqui uma contribuição significativa para a formação do imaginário republicano, ainda em plena vigência no império que desejava plantar, os seus lugares de memória. (FERREIRA, 2011, p. 101).

Nesse mister, a terceira categoria de notícias encontradas nos jornais que circularam pela província cearense aponta para um aspecto memorialista e fúnebre deste que já pode ser considerado um dos representantes da Abolição. No jornal *Gazeta do Norte: Orgão Liberal*, edição 190 circulante pelas ruas da capital cearense em 4 de setembro de 1881, encontra-se a notícia da fundação de uma caixa com o nome do "ilustre abolicionista advogado". Lê-se:

> Fundou-se ultimamente em S. Paulo com o nome do illustre abolicionista advogado Luiz Gama, uma caixa destinada a auxiliar a redempção dos captivos, que tem tido grande aceitação da generosa população paulistana.
>
> Vão dar espectaculos em seu beneficio o Circulo Operario Italiano, a Sociedade Recreio Dramatico e o Club Gymnastico Portuguez.
>
> Estão tambem projectados uma *promenade aux flambeaux*, concerto e illuminação no passeio publico.
>
> Esperam os fundadores a ter, a 28 de setembro próximo, somma sufficiente para dar as bençãos da liberdade a grande numero de infelizes. (FUNDOU-SE...,1881, p. 2).

Como é possível aferir, todas as notícias encontradas vão ao encontro da forte influência que Gama construiu sobre as lutas pela Abolição. Com mecanismos que perpassam o pagamento de alforrias, o uso da legislação, espetáculos para arrecadação de fundos, assim como a caixa mencionada anteriormente; e com quantidade significativa de notícias que circulavam de província para província sobre estas ferramentas e com menções diretas ao seu nome, é factível que se defenda que este ultrapassou seu campo prático de atuação e foi exemplo sempre presente em notícias que iam e vinham nos diferentes periódicos. Talvez por isso as narrativas sobre sua morte tenham sido tão emblemáticas.

No jornal *A Constituição: Orgão Conservador*, em duas edições publicadas no ano de 1882, encontram-se as lamentações pela doença e morte de Gama. Na edição 42, o destaque vai para o "Jornalista – Acha-se gravemente enfermo, em S. Paulo, o distincto jornalista Luiz Gama" (JORNALISTA, 1882, p. 2); e, na edição 79 é possível perceber na notícia sobre sua morte, o simbolismo de sua figura. Narrou-se assim:

> Luiz Gama. Os jornaes da Côrte e S. Paulo trouxeram a triste noticia do falecimento do grande cidadão, que se chamou Luiz Gama, e que tão notavel se tornou nas lutas gloriosas da abolição do captiveiro.
>
> Elle proprio, Spartacus moderno, levantou o grito de revolta, libertou-se e illustrou-se tornando-se uma esperança e um sustentaculo de seus infelizes irmãos.
>
> No seu apostolado pela libertação dos escravos ha rasgos assombriosos de uma dedicação admiravel. De uma só vez, como affirma a Gazeta da Tarde, tirou elle da escravidão, expondo a sua vida a mais de trezentos homens!
>
> Descansa em paz, apostolo do bem! (LUIZ..., 1882, p. 2).

As palavras escolhidas para construção da nota de pesar fazem alusão a aspectos já colocados por outras notícias circulantes entre as províncias, qual seja, figura notável para libertação cativa, buscou por conta própria sua libertação quando posto como escravizado pelo pai (a carta a Lúcio de Mendonça que também foi publicada no jornal *O Cearense* nos aponta essa informação) e o alcance do letramento com a ajuda de Antonio Rodrigues do Prado Júnior, estudante da faculdade de Direito e hóspede na casa de Antonio Pereira Cardoso, onde Gama estava na condição de escravo,

> [...] um estudante residente na casa de seu senhor que o ensina a ler e a escrever, Luiz Gama, qual prometeu, empreendeu uma prodigiosa conquista do saber e da palavra que lhe devolvem a liberdade e constroem o improvável destino de um ex-escravo, no Segundo Reinado: o destino de um homem "letrado" cuja voz se fez ouvir na sua cidade, na sua província e na sua nação. (FERREIRA, 2011, p. 17).

Para além desses aspectos já tão evidenciados, percebemos o conhecimento de outro pseudônimo utilizado por ele e que, na homenagem fúnebre, é posto e se faz significativo, "Spartacus moderno", para frisar mais uma vez sua figura libertária, vide que este pseudônimo fazia menção direta ao gladiador de origem trácia que liderou suas tropas para liberdade cativa na Roma antiga. Sobre isso, o historiador Antonio Estevam Santos destaca: "tanto Patrocínio quanto Luiz Gama apresentavam-se como 'Spartacus' frente ao processo de libertação cativa. Para eles, a questão da abolição era uma luta em favor do povo escravizado" (SANTOS, 2014, p. 81).

Na toada das notas fúnebres, encontramos na seção de "Óbitos notáveis", no periódico a *Gazeta do Norte: Orgão Liberal*, ano de 1882, edição 201, a seguinte notícia:

> Em S. Paulo morreu o advogado Luiz Gama, cidadão popularissimo e altamente estimado.
>
> Filho de uma africana escrava e elle mesmo escravo durante a infancia conseguio remir-se do captiveiro e tornou-se dedicado protector de sua raça proscripta.

> Na imprensa e na tribuna judiciaria o esforçado atleta do abolicionismo fez prodigios em favor dos infelizes escravos.
>
> A imprensa da Côrte e de S. Paulo consagrou ao triste acontecimento de sua morte artigos repassados de sentimento. (OBITOS..., 1882, p. 3).

Diante de todos os excetos analisados até aqui, é possível definir Gama como uma figura tida como bastante simbólica nos diversos movimentos por libertação cativa pelas províncias. Podemos perceber que este se utilizou de suas diversas frentes de lutas para protestar contra o regime escravista e contra o Estado brasileiro. Como advogado, usou de todos os artifícios das leis, principalmente a de 1831, para extrair sempre uma linha de raciocínio jurídico que demonstrasse que seus clientes, escravizados e escravizadas, tinham direito à liberdade, em obediência às leis e aos tratados que foram observados pelas autoridades do Império, ferramenta também vista nas províncias do Norte, com especial destaque na cearense e na grão-paraense.

Como intelectual, usou de sua carreira jornalística e política para trabalhar arduamente em defesa da libertação escrava, como aponta Santos:

> Uma vez que acreditava na justiça e em suas operacionalizações nos processos de libertação escrava, mas reconhecendo a necessidade da "resistência" nas situações em que o poder jurídico é corrompido, só restava a Luiz Gama o espaço do bacharelismo como campo de luta. (SANTOS, 2014, p. 35).

E, como visto nas notícias que por aqui circulavam, o direito foi seu campo de luta amplo e eficaz, porém isso não retira das outras frentes de lutas a grande importância que obtiveram e que fizeram de Gama um dos vários exemplos de resistência e protesto em face de um Estado que perpetuou um regime cruel de escravidão desde a colonização. Suas ferramentas de embate que serviram para ditar o seu ser/estar no mundo, como destaca Lígia F. Ferreira, foram:

> O jornalismo como ferramenta de propaganda e de disseminação do ideal republicano e abolicionista, a prática da advocacia principalmente voltada para a libertação de escravos, a crítica ao regime monárquico e ao "modo extravagante pelo qual se administrava a justiça no Brasil" se tornam caminhos convergentes e formadores do "plano inclinado da política", espinha dorsal da consciência de Luiz Gama e de seu ser/estar no mundo. (FERREIRA, 2012, p. 13).

E assim se fazer reconhecido nos diversos espaços do Império brasileiro que buscavam a dissolução da escravidão. Até por isso, já após a Abolição, ainda encontramos notícias que rememoram sua figura. No jornal *Gazeta do Norte: Orgão Liberal*, na edição 142, que circulou em 30 de junho de 1890 na capital cearense, vemos uma última menção a sua figura. Lê-se: "Os homens de côr realisaráõ, em S. Paulo, no dia 5 do corrente, um protesto civico, e percorreram diversas ruas, indo em seguida ao cemiterio depôr corôas nos tumulos de José Bonifacio e Luis Gama" (OS HOMENS..., 1890, p. 1).

De tal modo, perceber que as diversas ações de Luiz Gama acabaram "transformando a palavra, oral ou escrita, numa arma perigosíssima para as instituições" (CÂMARA, 2010, p. 140); perceber que suas palavras eram uma maneira de criticar os interesses dos poderosos, de questionar aquela estrutura arraigada e de fortalecer as diversas formas de protestos dos escravizados e escravizadas, bem como ajudaram a construir as bases de um movimento abolicionista crescente não apenas nas províncias do eixo São Paulo-Rio de Janeiro, corrobora o que acreditamos ser influência para os lados de cá do Império.

5

CONSIDERAÇÕES FINAIS

Refletir sobre algumas das nuances constitutivas do movimento pela Abolição no Grão-Pará parte, primeiramente, de compreender como a instituição escravista se estabeleceu e de que forma ela permeou as relações econômicas, sociais e políticas na província grão-paraense, de maneira específica, e na região amazônica, de forma um pouco mais abrangente. Essa lógica se coloca porque, durante muito tempo, se perpetuou o seguinte, como enfatizam o historiador Flávio dos Santos Gomes e a historiadora e antropóloga Lília Schwarcz (2018, p. 106):

> A Amazônia é sem dúvida a área escravista menos conhecida no Brasil. Como contamos com mais imagens provenientes do trabalho escravo no Nordeste açucareiro e/ou no Ouro das Minas Gerais, muitas vezes temos a impressão de que ela nunca existiu naquela região.

Dessa maneira, a construção desta pesquisa no Programa de Pós-Graduação em História da Unifesspa buscou contribuir para a ampliação das informações relativas a esse tema, que já se encontra pesquisado, mas que, pela perspectiva que nos propomos a analisar, tem margem para ainda mais debates. Assim sendo, a gama de pesquisas que vêm sendo realizadas desde a década de 1970 destacam os principais fatores econômicos, sociais e culturais da escravidão e da Abolição da região Norte e, nos casos dos estudos realizados por Bezerra Neto, Aldrin Figueiredo, Laurindo Junior, Ana Carolina Trindade Cravo, entre outros, as especificidades do caso grão-paraense e, em alguma medida, associado ao caso cearense.

Em uma síntese do que foi demarcado até aqui, quando voltamos nossos olhares para estas províncias, temos na economia da borracha a inserção da região amazônica no cenário nacional, a partir da segunda metade do século XIX, o fortalecimento de um mercado urbano de escravizados e escravizadas em Belém, a utilização de mão de obra africana (o que refuta o argumento de que nesta região não houve utilização desta mão de obra) e os múltiplos olhares que é possível ter em relação às autoridades públicas, que eram formadas basicamente pela elite local, os senhores e os escravizados, na formatação da cidade de Belém.

As diversas fugas exemplificadas ao longo do texto tanto na província grão-paraense quanto na cearense, o fortalecimento da imprensa e a formação de sociedades abolicionistas deram o tom dos processos de buscas pela liberdade nestes locais. Ao observar a elaboração das bases discursivas concernentes à sociedade paraense no período de estabelecimento da escravidão e dos movimentos pela Abolição, é possível perceber os tons irredutíveis dos escravistas, dos conservadores e moderados ligados ao viés emancipacionista e os tons mais incisivos com os abolicionistas, o que não difere tanto de outras regiões do país, como aponta a historiadora Emília Viotti da Costa (2010), em sua clássica obra *A Abolição*.

Das práticas econômicas permeadas pelos mundos do trabalho da floresta, a formação de portos para tráfico de cativos e cativas, o estabelecimento de mercados urbanos, as análises culturais, religiosas e sociais como os eventos organizados por sociedades artísticas, festejos e comidas para levantamento de fundos para abolição da mão de obra cativa definem os contornos possíveis para a percepção dos limites da Abolição que tornaram o processo de libertação mais lento no Grão-Pará, mesmo que influenciado por um movimento considerado, pelo menos em parte, mais enfático. As mudanças nas dinâmicas sociais que foram ocorrendo na província grão-paraense também influenciaram a circulação de jornais, que adquiriu mais liberdade dentro da sociedade e construiu papel fundamental para a propagação dos ideais emancipacionistas e abolicionistas, contribuindo assim para sustentar, por meio de divulgações, as ações e os discursos que balizaram as lutas e os limites da Abolição em terras grão-paraenses, principalmente na segunda metade do século XIX.

E todo este contexto nos coloca diante da comprovação da principal resposta da nossa pesquisa, Gama enquanto uma figura tida como bastante simbólica nos diversos movimentos por libertação cativa pelas províncias. De que modo? Encontramos, em todos os jornais analisados, evidências de que, além da circulação de informações e ideias entre as províncias, mecanismos se aproximam nas lutas pela Abolição nos diferentes espaços do Império brasileiro, e também temos menções diretas, construção de biografia e notícias em tons hiperbólicos para demarcar seu *potencial simbólico*, que ecoou para além do seu campo de atuação prático.

Cabe salientar que nosso exercício analítico não foi transpor ideais de um lado para outro, colocando-o como detentor de um abolicionismo "só dele", mas sim perceber essas aproximações por intermédio das notícias que circulavam pelas folhas da imprensa em vários espaços do território imperial brasileiro, o que, com isso, acabou por o colocar como um importante expoente de um movimento abolicionista que se fez eficaz nas letras, no juízo e até mesmo em ações mais radicais.

Nesse mister, fazem-se bastante representativas as nuances percebidas na construção da imagem de Gama nas notícias que chegaram à província do Grão-Pará. Mesmo que não se tenha vasto número de fontes no caso grão-paraense, o fato de abolicionistas belenenses terem constituído um lugar de memória em torno da representação de Gama enquanto abolicionista e de essas discussões terem sido veiculadas, de igual modo as notas de pesar e as comparações entre figuras emblemáticas para os movimentos àquela época são sintomáticas, de modo a simbolizar uma vinculação com uma forma de atuação que se estabeleceu também por meio de suas ações.

No percurso de sua trajetória, Gama foi partícipe em diversos meios que possibilitaram o desenvolvimento de sua carreira intelectual, versou na esfera pública, no meio jurídico, nas esferas da produção literária e editorial (entre tantas outras). Inserido numa sociedade aristocrática de arraigado sistema escravista, que vigorava veementemente, Gama foi um exímio crítico e combativo dessas questões.

Na condição de escravizado, acabou por tecer relações que lhe permitiram entrever sua liberdade e romper barreiras que, até então, se faziam intransponíveis aos negros. Entremeado numa sociedade monárquica e com um sistema escravista ativo, todos esses enlaces da vida de Gama fazem parte de uma complexa estrutura social no Brasil do século XIX e colocam-no como um representante — de um modo inédito à época — do abolicionismo que defendia e buscava por meio de todas as arenas possíveis: a Abolição e cidadania ampla, geral, irrestrita e com educação para todos e todas.

Na principal fonte documental, ao voltar nossos olhares para o cenário da província do Grão-Pará, temos a notícia da idealização de um clube em sua homenagem, o que torna possível estabelecer algumas considerações sobre seus objetivos e alguns dos ideais do clube que coincidiam com a postura de Gama ao tratar da sua loja maçônica, nomeada de América, além de ir ao encontro de uma característica a que este é pouco associado, qual seja, a questão da liberdade por meio da educação. Em suas palavras:

> Ao encetar uma discussão que toca o que há de mais sério nos destinos do país, deve-se, pondo de parte todas as considerações de ordem secundaria, ferir o âmago da questão.
>
> Segundo o nosso modo de pensar este é o fim difícil de atingir, e longínquo, sem dúvida, mas para a qual devemos tender nesta grave questão do ensino.
>
> Toda questão tem o seu ideal.
>
> Para nós o ideal da questão do ensino é a instrução gratuita e obrigatória; obrigatória para o primeiro grau somente, gratuita para todos os graus.
>
> A instrução primária obrigatória é o direito do menino, que é tão sagrado como o do pai, e que se confunde com o do Estado.
>
> Ainda mais, queremos a liberdade de ensino [...]. (GAMA, 1983 *apud* LIMA, 2021, p. 138).

Esta evidência se faz sintomática do que nós estamos durante todo o texto defendendo, o *potencial simbólico* que esta figura histórica mobiliza. A circulação de ideias e ações que se comprovaram tendo como vetor e/ou símbolo a figura de Gama, e aqui não nos referimos à pessoa Luiz Gama, mas à representação de sua figura, que, em parte, tornou-se um vetor e um símbolo das lutas pela liberdade por meio das suas atuações nas tribunas, que não foram efetivamente praticadas nas províncias do Norte, mas circularam via imprensa e colocaram-no como um "dos grandes homens" (MENDONÇA, 1881a, p. 3) que lutaram pela abolição da escravidão e pelo fim da monarquia em todo o território brasileiro.

Reiteramos, contudo, que, mesmo chegando à comprovação de nossa hipótese por meio da análise de jornais circulantes nas províncias do Grão-Pará e do Ceará, não conhecemos outras possíveis conexões de Gama com o Norte, em específico com o Grão-Pará, porque não tivemos acesso ou conhecimento sobre tudo o que o próprio Gama escreveu, tampouco tivemos acesso aos jornais que não estavam na Hemeroteca, nem conhecemos a documentação da maçonaria, nem outros tipos de documentação. De qualquer modo, no futuro talvez possamos pensar nas conexões entre Gama e os abolicionismos do Grão-Pará sem pensar nele apenas como representação/memória.

REFERÊNCIAS

[EDITORIAL]. **Pedro II**: Orgão Conservador, Fortaleza, ano 48, n. 41, p. 1, 27 maio 1888. Disponível em: http://memoria.bn.br/DocReader/DocReader.aspx?bib=216828&pesq=%22luiz%20gama%22&pasta=ano%20187&pagfis=11929. Acesso em: 19 jul. 2021.

ABOLICIONISTAS em S. Paulo. **Diario de Belem**: Folha Politica, Noticiosa e Commercial, Belem, n. 208, p. 2, 15 set. 1883. Disponível em: http://memoria.bn.br/DocReader/DocReader.aspx?bib=222402&pesq=%22luiz%20gama%22%20&pasta=ano%20187&pagfis=8612. Acesso em: 18 ago. 2021.

ALBUQUERQUE, Wlamyra. Movimentos sociais abolicionistas. *In*: SCHWARCZ, Lilia Moritz; GOMES, Flávio (org.). **Dicionário da escravidão e liberdade**: 50 textos críticos. São Paulo: Companhia das Letras, 2018, p. 346-356.

ALENCASTRO, Luiz Felipe de. Prefácio. *In*: FERREIRA, Lígia Fonseca de (org.). **Lições de resistência**. São Paulo: Edições Sesc São Paulo, 2020, p. 16-21.

ALONSO, Angela. Associativismo avant la lettre: as sociedades pela abolição da escravidão no Brasil oitocentista. **Sociologias**, [s. l.], v. 13, p. 166-199, 2011.

ALONSO, Angela. **Flores, votos e balas**: o movimento abolicionista brasileiro (1868-88). São Paulo: Companhia das Letras, 2015.

ALONSO, Angela. Processos políticos da Abolição. *In*: SCHWARCZ, Lilia Moritz; GOMES, Flávio (org.). **Dicionário da escravidão e liberdade**: 50 textos críticos. São Paulo: Companhia das Letras, 2018, p. 378-385.

AZEVEDO, Célia Maria Marinho de. **Onda negra, medo branco**: o negro no imaginário das elites Século XIX. Rio de Janeiro: Paz e Terra, 1987.

AZEVEDO, Elciene. **Orfeu de carapinha**: a trajetória de Luiz Gama na imperial cidade de São Paulo. Campinas: Unicamp; Centro de Pesquisa em História Social da Cultura, 1999.

BARROS, Thiago Almeida. Manifestações da modernidade no Pará provinciano: a imprensa como arma na disputa de poder na Cabanagem (1833-1839). *In*: ENCONTRO NACIONAL DA REDE ALFREDO DE CARVALHO, 7., 19-21 de agosto de 2009, Fortaleza. **Anais** [...]. Fortaleza: UFRGS, 2009.

BEZERRA NETO, José Maia. A segunda Independência: emancipadores, abolicionistas e as emancipações do Brasil. **Almanack**, Guarulhos, n. 2, p. 87-100, 2. sem. 2011a.

BEZERRA NETO, José Maia. Cenas da escravidão: senhores e trabalhadores escravos em Belém (1860-1888). **Revista do Instituto Histórico e Geográfico do Pará**, Belém, v. 1, n. 2, p. 1-26, jul./dez. 2014.

BEZERRA NETO, José Maia. Do vazio africano à presença negra: historiografia e referências sobre a escravidão africana na Amazônia. *In*: BEZERRA NETO, José Maia; LAURINDO JÚNIOR, Luiz Carlos (org.). **Escravidão urbana e abolicionismo no Grão-Pará (século XIX)**. Jundiaí: Paco, 1 jun. 2020, cap. 1.

BEZERRA NETO, José Maia. **Estado, Igreja e instrução** pública: práticas de reformas civilizadoras no Brasil escravista (Grão-Pará: séc. XIX). Curitiba: CRV, 2021.

BEZERRA NETO, José Maia. **Fugindo, sempre fugindo**: escravidão, fugas escravas e fugitivos no Grão-Pará (1840-1888). Campinas: [*s. n.*], 2000.

BEZERRA NETO, José Maia. Histórias urbanas de liberdade: escravos em fuga na cidade de Belém, 1860-1888. **Afro-Ásia**, [*s. l.*], n. 28, 221-250, 2002.

BEZERRA NETO, José Maia. O africano indesejado: combate ao tráfico, segurança pública e reforma civilizadora (Grão-Pará, 1850-1860). **Afro-Ásia**, [*s. l.*], n. 44, p. 171-217, 2011b.

BEZERRA NETO, José Maia. Ousados e insubordinados: protesto e fugas de escravos na província do Grão-Pará – 1840/1860. **Topoi**, Rio de Janeiro, p. 73-112, mar. 2001.

BEZERRA NETO, José Maia. **Por todos os meios legítimos e legais**: as lutas contra a escravidão e os limites da Abolição (Brasil, Grão-Pará:

1850-1888). 2009. Tese (Doutorado em História) – Pontifícia Universidade Católica de São Paulo, São Paulo, 2009.

BEZERRA NETO, José Maia; LAURINDO JUNIOR, Luiz Carlos. Alguns vêm de lá, outros de cá: a Amazônia no tráfico interno brasileiro de escravos (século XIX). **História**, São Paulo, v. 37, e2018021, 2018.

BEZERRA NETO, José Maia; LAURINDO JUNIOR, Luiz Carlos. Uma cidade sob múltiplos olhares: autoridades públicas, senhores e escravos em Belém do Grão-Pará (1871-1888). **Revista Caminhos da História**, [s. l.], v. 16, n. 2, 2011.

BROWN, Christopher Leslie. **Capital moral**: fundamentos do abolicionismo britânico. [S. l.]: University of North Carolina, 2006.

CÂMARA, Nelson. **O advogado dos escravos**: Luiz Gama. São Paulo: Lettera.doc, 2010.

CARDOSO, Antonio Alexandre Isidio. Negros e índios sob suspeita: dimensões da escravidão e do trabalho compulsório no território amazônico (1850-1860). *In*: PIRES, Antônio Liberac Cardoso Simões *et al.* (org.). **Da escravidão e da liberdade**: processos, biografias e experiências da Abolição e do pós-emancipação em perspectiva transnacional. Cruz das Almas; Belo Horizonte: UFRB; Fino Traço, 2016, v. 8, p. 47-57.

CARDOSO, Antonio Alexandre Isidio. **O Eldorado dos deserdados**: indígenas, escravos, migrantes, regatões e o avanço rumo ao oeste amazônico no século XIX. 2017. Tese (Doutorado em História) – Universidade de São Paulo, São Paulo, 2017.

CARNEIRO, Luaê Carregari. **Maçonaria, Política e Liberdade**. Jundiaí: Paco Editorial, 2016. 220 p.

CARVALHO, Maria Helena Meira; PRATES, Thiago Henrique Oliveira. **Temporalidades**: Revista de História, [s. l.], v. 8, n. 2, ed. 21, maio/ago. 2016.

CHARTIER, Roger. O mundo como representação. **Revista de Estudos Avançados**, [s. l.], v. 11, n. 5, 1991.

CLUB Luiz Gama. **Diario de Belem**, Belem, n. 216, p. 2, 27 set. 1882. Disponível em: http://memoria.bn.br/DocReader/DocReader.aspx?bib=222402&pesq=%22luiz%20gama%22%20&pasta=ano%20187&pagfis=7580. Acesso em: 18 ago. 2021.

CONFERENCIA publica. **Diario de Noticias**, Belem, n. 124, p. 2, 31 maio 1884. Disponível em: http://memoria.bn.br/DocReader/DocReader.aspx?bib=763659&pesq=%22sociedades%20abolicionistas%22&hf=memoria.bn.br&pagfis=3161. Acesso em: 2 jan. 2022.

CONGRESSO abolicionista. **Diario de Noticias**, Belem, n. 226, p. 3, 1884. Disponível em: http://memoria.bn.br/DocReader/DocReader.aspx?bib=763659&pesq=%22sociedades%20abolicionistas%22&hf=memoria.bn.br&pagfis=3538. Acesso em: 2 jan. 2022.

COSTA, Adrielli De Souza. **Luiz Gama**: uma perspectiva do Brasil oitocentista (1848 - 1882). 2018. Dissertação (Mestrado em História) – Universidade Estadual Paulista (Unesp), Franca, 2018.

COSTA, Emília Viotti da. **A Abolição**. 9. ed. São Paulo: Unesp, 2010.

CRAVO, Ana Carolina Trindade. Abolição, abolicionismo e a Sociedade Libertadora de Benevides (1881 – 1888). *In*: BEZERRA NETO, José Maia, LAURINDO JUNIOR, Luiz Carlos (org.). **Escravidão urbana e abolicionismo no Grão-Pará (século XIX)**. Jundiaí: Paco Editorial, 2020, cap. 8. 364 p.

CRAVO, Ana Carolina Trindade. "Haja Cacêtes!; Haja páo!" A Sociedade **Libertadora de Benevides**: abolicionistas, escravos e colonos na luta contra a escravidão (1881-1888). 2014. Dissertação (Mestrado em História Social) – Universidade Federal Do Pará, Belém, 2014.

DAVIS, David Brion. **O problema da escravidão na cultura ocidental**. Rio de Janeiro: Civilização Brasileira, 2001.

DESORDENS em Benevides. **O Liberal do Para**, [*s. l.*], n. 192, p. 3, 1884. Disponível em: http://memoria.bn.br/DocReader/docreader.aspx?bib=704555&pesq=%22escravos%20armados%22&pagfis=15917. Acesso em: 17 ago. 2023.

DRESCHER, Seymour. **Abolição**: uma história da escravidão e do antiescravismo. Tradução de Antonio Penalves Rocha. São Paulo: Unesp, 2011.

EM SÃO PAULO [...]. **O Liberal do Para**, [s. l.], n. 126, p. 2, 1888. Disponível em: http://memoria.bn.br/DocReader/DocReader.aspx?bib=704555&pesq=%22luiz%20gama%22&pasta=ano%20187&pagfis=20269. Acesso em: 18 ago. 2021.

FAUSTO, Boris. **História do Brasil**. São Paulo: Edusp. 1994.

FERREIRA, Ligia Fonseca (org.). **Com a palavra, Luiz Gama**: poemas, artigos, cartas, máximas. [S. l.]: Imprensa Oficial de São Paulo, 2011.

FERREIRA, Ligia Fonseca. De escravo a cidadão: Luiz Gama, voz negra no abolicionismo. In: MACHADO, Maria Helena Pereira Toledo; CASTILHO, Celso Thomas. **Tornando-se livres**: agentes históricos e Lutas sociais no processo de Abolição. São Paulo: USP, 2015a, p. 213-236.

FERREIRA, Ligia Fonseca. Ethos, poética e política nos escritos de Luiz Gama. **Revista Crioula**, [s. l.], v. 1, p. 1-20, 2012.

FERREIRA, Ligia Fonseca. Luiz Gama autor, leitor, editor: revisitando as Primeiras trovas burlescas de 1859 e 1861. **Estudos Avançados**, [s. l.], v. 33, n. 96, 2019.

FERREIRA, Ligia Fonseca. Luiz Gama por Luiz Gama: carta a Lúcio de Mendonça. **Teresa**: Revista de Literatura Brasileira, São Paulo, n. 8-9, p. 300-321, 2008.

FERREIRA, Ligia Fonseca. No coração, a liberdade: as cartas exemplares de Luiz Gama. **Cândido**, [s. l.], n. 140, p. 2, 2015b. Especial Capa. Disponível em: https://www.bpp.pr.gov.br/Candido/Noticia/No-coracao-liberdade-cartas-exemplares-de-Luiz-Gama. Acesso em: 21 mar. 2022.

FERREIRA, Ligia Fonseca. Voz negra na 'autobiografia': o caso de Luiz Gama (BA, 1830 – SP, 1882). In: GALLE, Helmut (org.). **Em primeira pessoa**: abordagens de uma teoria da autobiografia. São Paulo: Annablume; FAPESP; FFLCH, USP, 2009. p. 227-236.

FRANCISCO, Renata Ribeiro. **As sociedades antiescravistas na cidade de São Paulo (1850-1871)**. 2010. Dissertação (Mestrado em História) – Faculdade de Ciências Humanas e Sociais, Universidade Estadual Paulista "Júlio de Mesquita Filho", Franca, 2010.

FRANCISCO, Renata Ribeiro. Maçonaria: um lugar de sociabilidade de homens de cor, nascidos livres e libertos. **História Debates e Tendências**, Passo Fundo, v. 20, n. 2, p. 150-169, maio/jul. 2020.

FRANCISCO, Renata Ribeiro. **Por talentos e virtudes**: trajetórias maçônicas de negros abolicionistas. Trabalho apresentado ao Simpósio Nacional de História - Lugares de historiadores: velhos e novos desafios, 27., 27 a 31 de julho de 2015, Florianópolis.

FRANCO, Tito. Columna monarchica. **Folha do Norte**, [s. l.], n. 344, p. 2, 9 dez. 1896. Disponível em: http://memoria.bn.br/DocReader/DocReader.aspx?bib=101575&pesq=%22sociedades%20abolicionistas%22&hf=memoria.bn.br&pagfis=1337. Acesso em: 2 jan. 2022.

FREIRE, Camila de Sousa. O movimento abolicionista cearense: escrita da história, identidade e alteridade em diálogo (1884-1956). *In*: ENCONTRO INTERNACIONAL E ENCONTRO DE HISTÓRIA DA ANPUH-RIO, 18.. Histórias e Parcerias, 2018. **Anais** [...].

FUNDOU-SE [...]. **Gazeta do Norte**, Fortaleza, n. 190, p. 2, 1881. Disponível em: http://memoria.bn.br/DocReader/DocReader.aspx?bib=103950&pesq=%22luiz%20gama%22&pagfis=1763. Acesso em: 14 jul. 2021.

GAMA, Luiz. **Com a palavra, Luiz Gama**: poemas, artigos, cartas, máximas. São Paulo: Imprensa Oficial do Estado de São Paulo, 2011.

GAMA, Luiz. **Obras completas**. Organização de Bruno Rodrigues de Lima. [S. l.]: Hedra, 2021. v. 4, 8.

GAMA, Luiz. **Lições de resistência**: artigos de Luiz Gama na imprensa de São Paulo e do Rio de Janeiro. Organização, introdução e notas de Ligia Fonseca Ferreira. São Paulo: Sesc São Paulo, 2020.

GAMA, Luiz. **Primeiras trovas burlescas & outros poemas**. Edição de Ligia Fonseca Ferreira. São Paulo: Martins Fontes, 2000. (Coleção Poetas do Brasil).

GOMES, Flávio dos Santos; MACHADO, Maria Helena Pereira Toledo. Da Abolição ao pós-emancipação: ensaiando alguns caminhos para outros percursos. *In*: MACHADO, Maria Helena Pereira Toledo; CASTILHO, Celso Thomas. **Tornando-se livres**: agentes históricos e lutas sociais no processo de Abolição. 1. reimpr. São Paulo: USP, 2018, p. 19-41.

GOMES, Flávio dos Santos; SCHWARCZ, Lilia Moritz. Amazônia escravista. *In*: SCHWARCZ, Lilia Moritz; GOMES, Flávio (org.). **Dicionário da escravidão e liberdade**: 50 textos críticos. São Paulo: Companhia das Letras, 11 maio 2018, p. 110-117.

HAVIA começado [...]. **O Liberal do Para**, [*s. l.*], n. 217, p. 2, 1877. Disponível em: http://memoria.bn.br/DocReader/DocReader.aspx?bib=704555&pesq=%22luiz%20gama%22&pasta=ano%20187&pagfis=8490. Acesso em: 18 ago. 2021.

INTERIOR. **A Constituição**: Orgão do Partido Conservador, Belem do Pará, ano 4, n. 163, p. 1, 19 jul. 1877. Disponível em: http://memoria.bn.br/DocReader/DocReader.aspx?bib=385573&pesq=%22luiz%20gama%22%20&pasta=ano%20187&pagfis=1795. Acesso em: 18 ago. 2021.

JORNALISTA. **A Constituição**, [*s. l.*], n. 42, p. 2, 1882. Disponível em: http://memoria.bn.br/DocReader/DocReader.aspx?bib=235334&Pesq=%22luiz%20gama%22&pagfis=5427. Acesso em: 19 jul. 2021.

KILOMBA, Grada. **Memórias da Plantação**: episódios de racismo quotidiano. Lisboa: Orfeu Negro, 2019.

LAURINDO JUNIOR, Luiz Carlos. Maré de mudanças, continuidades latentes: a comercialização de escravos através da imprensa periódica na Belém de fins do XIX (1871-1888). **Revista Latino-Americana de História**, [*s. l.*], v. 2, n. 9, dez. 2013.

LE GOFF, Jaques. **História e memória**. Campinas: Unicamp, 2003.

LÊ-SE [...]. **O Liberal do Para**, [*s. l.*], n. 151, p. 2, 1877. Disponível em: http://memoria.bn.br/DocReader/DocReader.aspx?bib=704555&pesq=%22luiz%20gama%22&pasta=ano%20187&pagfis=8226. Acesso em: 18 ago. 2021.

LIBERTAÇÃO do Amazonas. **Diario de Noticias**, Belem, n. 145, p. 2, 5 jul. 1884a. Disponível em: http://memoria.bn.br/DocReader/DocReader.aspx?bib=763659&pesq=%22sociedades%20abolicionistas%22&hf=memoria.bn.br&pagfis=3261. Acesso em: 2 jan. 2022.

LIBERTAÇÃO do Amazonas. **Diario de Noticias**, Belem, n. 162, p. 2, 17 jul. 1884b. Disponível em: http://memoria.bn.br/DocReader/DocReader.aspx?bib=763659&pesq=%22sociedades%20abolicionistas%22&hf=memoria.bn.br&pagfis=3293. Acesso em: 2 jan. 2022.

LIMA, Bruno Rodrigues de. Introdução. *In*: GAMA, Luiz. **Obras completas**. Organização de Bruno Rodrigues de Lima. [*S. l.*]: Hedra, 2021, v. 8.

LIMA, Luciano Demetrius Barbosa. **Entre batalhas e papéis**: a Cabanagem e a imprensa na menoridade (1835-1840). 2016. Tese (Doutorado em História Social da Amazônia) – Universidade Federal do Pará, Belém, 2016.

LOBO, Marcelo Ferreira. "Futuros operários do progresso": infância desvalida e educação no limiar da escravidão (Grão-Pará, 1870-1890). **História, Histórias**, [*s. l.*], v. 8, n. 16, jul./dez. 2020.

LUIZ Gama. **A Constituição**, [*s. l.*], n. 79, p. 2, ano 1882. Disponível em: http://memoria.bn.br/DocReader/DocReader.aspx?bib=235334&Pesq=%22luiz%20gama%22&pagfis=5575. Acesso em: 19 jul. 2021.

MACHADO, Maria Helena Pereira Toledo. **O plano e o pânico**: os movimentos sociais na década da Abolição. 2. ed. São Paulo: USP, 2010.

MACHADO, Maria Helena Pereira Toledo. Os abolicionistas brasileiros e a Guerra de Secessão. *In*: ABREU, Martha; PEREIRA, Matheus Serva. **Caminhos da Liberdade**: Histórias da Abolição e do Pós-Abolição no Brasil. Niterói: PPGHistória-UFF, 2011, p. 10-37. 528p.

MAGALHÃES, Valentim. O castor de Luiz Gama. **O Cearense**, Fortaleza, n. 86, p. 2-3, 1881. Disponível em: http://memoria.bn.br/DocReader/DocReader.aspx?bib=709506&Pesq=%22luiz%20gama%22&pagfis=14535. Acesso em: 14 jul. 2021.

MAMIGONIAN, Beatriz G. **Africanos livres**: a abolição do tráfico de escravos no Brasil. São Paulo: Companhia das Letras, 2017.

MARTINS, Ana Luiza; LUCA, Tânia Regina de. **História da Imprensa no Brasil**. São Paulo: Contexto, 2013.

MENDONÇA, Lúcio de. Luiz Gama. *In*: GAMA, Luiz. **Com a palavra, Luiz Gama poemas, artigos, cartas, máximas**. Apresentação e notas de Lígia Fonseca Ferreira. São Paulo: Imprensa Oficial, 2011, p. 260-304.

MENDONÇA, Lúcio de. Luiz Gama. **O Cearense**, Fortaleza, n. 58, p. 3, 16 mar. 1881a. Disponível em: http://memoria.bn.br/DocReader/DocReader.aspx?bib=709506&Pesq=%22luiz%20gama%22&pagfis=14424. Acesso em: 14 jul. 2021.

MENDONÇA, Lúcio de. **O Cearense**, Fortaleza, n. 109, p. 2-3, 22 maio 1881b. Disponível em: http://memoria.bn.br/DocReader/DocReader.aspx?bib=709506&Pesq=%22luiz%20gama%22&pagfis=14627. Acesso em: 14 jul. 2021.

MENEZES NETOS, Geraldo Magella de. As contribuições de Vicente Salles (1931-2013) para os estudos da literatura de cordel na Amazônia. **Nova Revista Amazônica**, Bragança, Pará, v. 1 n. 2, p. 9-26, jul./dez. 2013.

MESQUITA, Francisco Paulo de Oliveira. "**O abolicionismo do Ceará e o jornal a província de S. Paulo**": o "exemplo" abolicionista cearense e a sua apropriação na propaganda republicana paulista (1880-1888). Trabalho apresentado ao Anpuh – Brasil – 30º Simpósio Nacional de História, 2019, Recife.

MONTEIRO, Elson Luiz Rocha. **Maçonaria, poder e sociedade no Pará na segunda metade do século XIX**: 1850-1900. 2014. Tese (Doutorado em História) – Universidade Federal do Pará, Belém, 2014.

MORAES, Evaristo de. **A campanha abolicionista (1879-1888)**. Rio de Janeiro: Leite Ribeiro Freitas Bastos, Spicer e Cia., 1924.

NEVES, Pedro Monteiro. Aplicabilidade da lei e as estratégias de libertação: uma análise sobre o Fundo de Emancipação no Grão-Pará (1871-1888). *In*: BEZERRA NETO, José Maia; LAURINDO JÚNIOR, Luiz Carlos (org.). **Escravidão urbana e abolicionismo no Grão Pará (século XIX)**. Jundiaí: Paco Editorial, 2020, cap. 6.

NORA, Pierre. Entre memória e história: a problemática dos lugares. **Proj. História**, São Paulo, n. 10, dez. 1993.

O ABOLICIONISTA PARAENSE. Belem, ano 1, n. 4, 24 jun. 1883. Libertação racional e transformação do trabalho. Disponível em: http://memoria.bn.br/DocReader/DocReader.aspx?bib=820288&PagFis=1. Acesso em 30/09/2021.

O BRAZIL expulso. **A Republica**, [s. l.], n. 132, p. 8, 1887. Disponível em: http://memoria.bn.br/DocReader/DocReader.aspx?bib=704440&Pesq=%-22sociedades%20abolicionistas%22&pagfis=232. Acesso em: 2 jan. 2022.

O DIARIO do Grao Para. **Diario de Belem**: Folha Politica, Noticiosa e Commercial, Belem, n. 207, p. 2, 16 set. 1882. Disponível em: http://memoria.bn.br/DocReader/DocReader.aspx?bib=222402&pesq=%22luiz%20gama%22%20&pasta=ano%20187&pagfis=7544. Acesso em: 18 ago. 2021.

O LIBERAL. **Diario de Noticias**, Belem, n. 220, p. 2, 1 out. 1882. Disponível em: http://memoria.bn.br/DocReader/DocReader.aspx?bib=763659&Pesq=%22sociedades%20abolicionistas%22&pagfis=1350. Acesso em: 21 ago. 2022.

O LIBERTADOR. [Fortaleza], v. 1, n. 15, 29 jul. 1881. Disponível em: http://memoria.bn.br/DocReader/DocReader.aspx?bib=229865&pesq=%22luiz%20gama%22&pasta=ano%20188&pagfis=84. Acesso em: 20 ago. 2022.

OBITO importante. **Diario de Belem**: Folha Politica, Noticiosa e Commercial, Belem, n. 186, 1883. Disponível em: http://memoria.bn.br/DocReader/DocReader.aspx?bib=222402&pesq=%22luiz%20gama%22%20&pasta=ano%20187&pagfis=8524. Acesso em: 18 ago. 2021.

OBITOS notaveis. **Gazeta do Norte**, Fortaleza, n. 201, p. 3, 1882. Disponível em: http://memoria.bn.br/DocReader/DocReader.aspx?bib=103950&Pesq=%22luiz%20gama%22&pagfis=2350. Acesso em: 14 jul. 2021.

OLIVEIRA, Luciana de Fátima. Estado do Maranhão e Grão-Pará: primeiros anos de ocupação, expansão e consolidação do território. *In*: SIMPÓSIO NACIONAL DE HISTÓRIA – ANPUH, 26., julho de 2011, São Paulo. **Anais** [...].

OS HOMENS de côr. **Gazeta do Norte**, Fortaleza, ano 10, n. 142, p. 1, 30 jun. 1890. Disponível em: http://memoria.bn.br/DocReader/DocReader.aspx?bib=103950&Pesq=%22luiz%20gama%22&pagfis=9131. Acesso em: 14 jul. 2021.

PALHA, Bárbara Fonseca. Belém: escravidão e liberdade na primeira metade do século XIX. *In*: BEZERRA NETO, José Maia; LAURINDO JUNIOR, Luiz Carlos (org.). **Escravidão urbana e abolicionismo no Grão-Pará (século XIX)**. 1. ed. Jundiaí: Paco, 2020, p. 63-101.

PALHA, Barbara Fonseca. **Escravidão negra em Belém**: mercado, trabalho e liberdade (1810-1850). 2011. Dissertação (Mestrado em História Social da Amazônia) – Universidade Federal do Pará, Belém, 2011.

PALHA, Barbara Fonseca. O que se lê nos jornais, o que se vê nas imagens: escravas de ganho na Belém do século XIX. *In*: SIMPÓSIO NACIONAL DE HISTÓRIA – ANPUH, 25., 2009, Fortaleza. **Anais** [...].

PARA. **A Constituição**: Orgão do Partido Conservador, Belem do Pará, ano 9, n. 267, p. 1, 5 dez. 1882. Disponível em: http://memoria.bn.br/DocReader/DocReader.aspx?bib=385573&pesq=%22sociedades%20abolicionistas%22&hf=memoria.bn.br&pagfis=7502. Acesso em: 2 jan. 2022.

PINTO, Ana Flávia Magalhães. **Escritos de liberdade**: literatos negros, racismo e cidadania no Brasil oitocentista. Campinas: Unicamp, 2018.

REVISTA jornalistica. **Diario de Noticias**, Belem, n. 115, p. 3, 1884. Disponível em: http://memoria.bn.br/DocReader/DocReader.aspx?bib=763659&pesq=%22sociedades%20abolicionistas%22&hf=memoria.bn.br&pagfis=3134. Acesso em: 2 jan. 2022.

RICCI, Magda. Cabanagem, cidadania e identidade revolucionária: o problema do patriotismo na Amazônia entre 1835 e 1840. **Tempo**, [*s. l.*], v. 11, n. 22, 2007. Dossiê: Cidadania e Pobreza.

RODRIGUES, Simões Denise. **Revolução Cabana e construção da identidade amazônida**. Belém: Uepa, 2019.

S. PAULO. **Jornal da Fortaleza**: Folha Politica, Commercial e Noticiosa: Sustenta as Ideas Liberaes, [s. l.], n. 55, 1870. Disponível em: http://memoria.bn.br/DocReader/DocReader.aspx?bib=721247&pesq=%22luiz%20gama%22&pasta=ano%20187&pagfis=195. Acesso em 19 jul. 2021.

SAMPAIO, Maria Clara S. Carneiro. Emancipação nas Américas. *In*: SCHWARCZ, Lilia Moritz; GOMES, Flávio (org.). **Dicionário da escravidão e liberdade**: 50 textos críticos. São Paulo: Companhia das Letras, 2018, p. 220-225.

SANTOS, Eduardo Antonio Estevam. **Luiz Gama, um intelectual diaspórico**: intelectualidade, relações étnico-raciais e produção cultural na modernidade paulistana (1830-1882). 2014. Tese (Doutorado em História) – Pontifícia Universidade Católica de São Paulo, São Paulo, 2014.

SANTOS, Sales Augusto dos; FARIA, Luis Gustavo de Paiva. Os projetos de Abolição de Joaquim Nabuco e Luís Gama. **Revista Exitus**, Santarém, v. 10, n. e020078, p. 1-31, 1 jan. 2020. DOI 10.24065/2237-9460.2020.v10n1ID848.

VIANA, Arthur. **Pontos de historia do Brazil e do Pará**: de acordo com o programa official para exames de certificados e formulados pelos melhores auctores. Belém: Pinto Barbosa, 1900. Disponível em: http://obrasraras.fcp.pa.gov.br/publication/file/livros/pontoshistoriabrazildopara1900/. Acesso em: 20 jul. 2022.